CHRISTIAN GACA

PAPIPEDIA

Alles, was Väter und ihre
Kinder brauchen

INHALT

VORWORT

Vater werden ist relativ einfach, meistens zumindest. Vater sein ist es mitunter nicht. Das werden viele Väter unterschreiben. Warum braucht die Welt ein weiteres Buch über das Vaterwerden und Vatersein? Nun, der Alltag zeigt immer wieder, dass es reichlich Bedarf gibt, im Kleinen wie im Großen.

Daniel Eich wird am 8. März 2019, dem Weltfrauentag, als »Spitzenvater des Jahres« ausgezeichnet. Der Preis wird von einer deutschen Großbäckerei seit 2006 verliehen. Zwei Familienväter bekommen ihn jedes Jahr, der Preis ist mit 5 000 Euro dotiert. Die Auszeichnung von Eich wurde öffentlich zum Teil heftig kritisiert. Brigitte-Redakteurin Katrin Otrzonsek nannte die Auszeichnung an Eich einen »Schlag ins Gesicht aller Mütter«. Warum?

Nun, Daniel Eichs Frau ist die Astronautin Dr. Insa Thiele-Eich und bereitet sich zum Zeitpunkt der Preisverleihung auf ihren Flug als erste deutsche Frau zur Raumstation ISS im All vor. Um ihr dies zu erleichtern, nimmt sich ihr Mann ein Jahr Elternzeit, um für die drei gemeinsamen Kinder zu sorgen. Im Interview mit dem Blog Stadt Land Mama sagte Thiele-Eich: »Auf jeder Veranstaltung werde ich gefragt, wo denn das Baby sei. Bei Oma? Beim Babysitter? Nein, beim Papa!« Und solange das so ist, werde sie auch öffentlich darüber reden. Beide wollen, dass es gleichberechtigter zugeht in deutschen Familien.

Das Paar bekam dafür ungefragt Applaus und natürlich auch einen Shitstorm. Die Geschichte illustriert für jeden einfach nachvollziehbar: Von der öffentlich gerne zitierten Gleichberechtigung sind wir als Gesellschaft in Deutschland und Europa weit entfernt.

Dem Statistischen Bundesamt zufolge geht heute in Deutschland zwar jeder dritte Vater in Elternzeit. Aber 58,1 Prozent davon wählen lediglich die Mindestbezugszeit von zwei Monaten, 13 bis 14 Monate Elternzeit nehmen derweil nur noch 1,1 Prozent. Schade eigentlich, denn es steht außer Frage, dass Elternzeit für Väter sinnvoll ist. Vater und Kind profitieren davon, wenn sich der Vater wirklich auf diese Zeit einlässt und nicht »nur« zwei Monate mit der Familie verreist. Elternzeit hilft einem Mann dabei, wirklich zum Vater zu werden – mit allem, was dazugehört.

Vatersein kann man nicht theoretisch lernen. Aber man kann sich dennoch vorher damit beschäftigen, um eine Idee von der Vaterrolle zu bekommen. Denn es geht immer darum, wie man als Mann und Vater selbst werden will. Und wie flexibel und offen man für Weiterentwicklung und Adaption bleibt. Vatersein ist kein Coolness-Contest. Die meisten der damit verbundenen Aufgaben sind nicht an das Geschlecht gebunden. Es gibt reichlich Möglichkeiten, als Vater mitzuwirken. Denn Kinderkriegen und Kinderhaben ist Elternsache. Je mehr man sich davon frei macht, einem irgendwie existenten Gesellschaftsbild oder Anspruch gerecht zu werden, umso leichter wird es. Allerdings ist eben genau das eine der größten Herausforderungen.

Vor dem ersten Kind erlebte ich selbst eine große Verunsicherung bei mir – und sah das bei fast jedem anderen Mann, mit dem ich ehrlich über dieses Thema sprach. Viele Männer, die zum ersten Mal Vater werden, haben noch heute ein verschobenes Bild davon, was genau dieses Vatersein heißt, mit allen Konsequenzen. Es ist eine ernste Sache, aber man darf nie den Humor verlieren. Der hilft, manchmal auch beim »Überleben«.

So manche Situation ist allerdings erst im Nachhinein »witzig«. Wer mitten in der Nacht übermüdet zwei gleichzeitig schwallartig brechende Kinder betreut, während die Frau das dritte, erst ein paar Wochen alte Baby stillt, kann das zwei Jahre später als Anekdote erzählen. In dem konkreten Moment ist diese Situation allerdings extrem anstrengend, bisweilen sogar bedrohlich und erfordert Nerven wie beim Verwandeln des entscheidenden Elfmeters im Derby-Finale.

Viele Männer haben vor der Geburt ihres ersten Kindes nicht selten eine »falsche« Vorstellung davon, was mit Schwangerschaft, Geburt und dem Leben mit Baby und Kleinkind auf sie persönlich zukommt. Dieses Buch soll dazu beitragen, eine realistische Vorstellung davon zu vermitteln, welche Missionen da warten. Es möchte kein weiterer »lustiger Ratgeber« sein, sondern mit der nötigen Ernsthaftigkeit die wichtigsten Fragen klären. Und dennoch immer wieder auch in Anekdoten zeigen, wie das mit dem Vaterwerden und Vatersein eben wirklich ist.

Es ist von Vater zu Vater geschrieben, über das wichtigste Ereignis im Leben. Und wenn es mehrere Kinder sind oder werden – auch über die weiteren wichtigsten Ereignisse. Denn nach vier Kindern kann ich mit Sicherheit sagen: Jedes meiner Kinder ist einzigartig, mit allen wunderbaren Seiten und Erlebnissen wie auch den Herausforderungen. Und genauso einzigartig wird dein Kind, werden deine Kinder werden. Und du wirst selbst wissen, was am besten für euch passt.

Vaterwerden ist in verschiedenen Konstrukten möglich (Patchwork, Co-Parenting, Adoption, Pflegeelternschaft, alleinerziehend, getrennt erziehend, arm oder reich). Väter in einer dieser Situationen sind unter Umständen mit anderen Herausforderungen konfrontiert, als dieses Buch darstellt. Manches deckt sich, manches passt vielleicht gar nicht. Mir ist es dennoch wichtig zu schreiben, dass dieses Buch aus der Perspektive eines Vaters irgendwo aus der Mittelschicht geschrieben ist, der selbst vier Kinder mit einer Frau hat, die auch seine Ehefrau ist. Viele dieser Lebenssituationen kenne ich aus dem persönlichen Umfeld, aber Theorie und Praxis sind zwei Paar Schuhe.

Nimm dir bitte das heraus, was für deine Situation passt. Papipedia ist keine Gebrauchsanleitung, serviert keinen Masterplan. Es summiert 14 Jahre Erfahrung als Vater, als Mann meiner

Frau Anja, die seit 17 Jahren als Hebamme arbeitet und mit der ich schon viele Jahre über das Thema Kinderkriegen und Kinderhaben auf unserem Blog www.vonguteneltern.de schreibe. Dort wie hier im Buch ist ein wichtiges Leitmotiv, dass es immer mehrere Wege gibt. Denn jeder Vater und jede Familie agiert individuell. Also bitte alles im Zweifel »nur« als Anregung verstehen, etwas anzugehen oder zu verändern. Ratschläge bleiben Schläge, darum stehen hier Tipps, die sich Väter wie Mütter nehmen können. Aber nicht nehmen müssen. Gerade meine persönlichen Anekdoten oder Erlebnisse sind genau das: ausnahmslos persönlich. Sie zeigen einen möglichen Weg von ganz vielen Wegen. Und keiner dieser Wege ist »richtig« oder »falsch«. Ihr alle werdet das Papading so gut machen, wie ihr es könnt. Und natürlich auch, so gut wie ihr es wollt.

Dieses Vatersein, das lernt man letzten Endes ohnehin nur in der Praxis – ganz für sich. Aber ein bisschen Vorbereitung schadet sicher nicht. Und manchmal hilft einem auch einfach nur der Abgleich, dass es anderen Menschen ähnlich oder ganz sogar genauso geht wie einem selbst gerade.

DIE SCHWANGER-SCHAFT

Kinderkriegen bedeutet immer auch ein Stück weit Kontrollverlust. Das beginnt mit der Schwangerschaft und setzt sich mit der Geburt fort. Wir können vieles von dem, was geschieht, nicht kontrollieren. Aber wir können gestalten, wie wir damit umgehen. Die Schwangerschaft bereitet schon darauf vor, sich auf das Baby und sein eigenes Tempo einzulassen. Auf diese Unplanbarkeit, die das Leben mit Kindern nun mal mit sich bringt.

KINDERWUNSCH UND SCHWANGERSCHAFT

KINDER KRIEGEN, IN DIESER WELT?

Schwere Frage gleich zum Einstieg. Aber es hilft nichts, sie steht im Raum. Eigentlich immer, sobald eine Frau und ein Mann sich entscheiden, Sex miteinander zu haben. Oder sich aus unterschiedlichen Gründen dafür entscheiden, andere Wege zu nutzen, um Eltern zu werden. Aber die Frage bleibt gleich: Kann man heute noch guten Gewissens Kinder kriegen, die in dieser Welt leben müssen?

Nun, die Antwort lautet: Natürlich kann man. Man muss. Denn Kinder sind die Zukunft. Sie schreiben die Geschichte der vorherigen Generation weiter – und an den schlechten Stellen erfinden sie sie hoffentlich neu. Wir Eltern können heute engagierte »Parents for Future« sein und uns darüber freuen, dass unsere Kinder beim »Friday for Future« die Schule schwänzen, um damit für den Klimaschutz und ihre Zukunft zu kämpfen. Manche Menschen verstehen das vielleicht nicht. Eltern, auch ältere, sehen den Grund aber deutlich.

Wer eigene Kinder bekommt oder bereits hat, wird zwangsläufig dazu gezwungen, anders über sich und die Zukunft nachzudenken. Das Leben wird, so simpel es klingt, urplötzlich weniger egoistisch. Eltern denken über die eigene Zukunft hinaus, an Kinder und Enkel und welche Welt sie ihnen hinterlassen wollen. Natürlich lassen sich die globalen Klimaprobleme nicht allein durch die Verwendung von Stoffwindeln lösen. Aber auch solche kleinen Schritte sind wichtig. Weil sie als Modell wirken und Größeres bewirken können bei anderen Menschen, die vielleicht noch Inspiration suchen. Greta Thunberg hatte auch eine ganze Weile nur ein braunes Pappschild mit drei Wörtern drauf in der Hand, als sie in Schweden immer freitags in den Schulstreik ging. Mittlerweile ist sie weltbekannt und eine der besten Influencerinnen für eine gute Sache. Und ein Kind.

Also, das Kinderkriegen ist natürlich auch heute völlig okay und wichtig. Es ist eine egoistisch betrachtet wunderbare Sache und das erstaunlichste Erlebnis, das man als Frau und als Mann haben kann. Habt keine Angst davor.

DER POSITIVE TEST – UND NUN?

Man (und Mann) darf ehrlich sein, denn ungelogen: Die meisten Männer setzen sich mit dem Thema Kinderwunsch eher zögerlich auseinander. In den frühen Zwanzigern haben die meisten von ihnen andere Sachen im Kopf, als aktiv Gedanken an die eigene Fortpflanzung zu verschwenden. Dafür bleibt zwischen Ausbildung, Studium, Feiern und dem Ausprobieren all der Verlockungen des Lebens einfach keine Zeit. Ist durchaus nachvollziehbar, war bei mir auch so. In Richtung 30 ändert sich das für manche Männer schon ein wenig, obwohl es erst nach dem Überschreiten dieser Altersgrenze deutlich häufiger vorkommt, als Vater auch die ehemaligen Freunde aus dem Club oder vom Sportplatz mal auf dem Spielplatz zu treffen.

Dennoch ist auch hier die Frage, wie häufig diese Männer proaktiv den Wunsch geäußert haben, mit ihrer Partnerin ein Kind zu zeugen. Ich behaupte: Das ist bei den wenigsten Männern der Fall. Denn die Entscheidung für ein Kind, die treffen eher die Frauen. Ich bin mir jedenfalls nicht sicher, ob ich heute vier Kinder hätte, wenn ich das hätte »entscheiden« sollen. Anja hat mich mit dem ersten Kind quasi »konfrontiert«. Sie war »einfach« irgendwann plötzlich schwanger. Wir hatten lose darüber gesprochen, dass es schön wäre, ein Kind zu haben. So hatte ich das damals jedenfalls aufgefasst. Dann war sie schwanger. Huch …

Die Frauen geben den Ausschlag

Das Ganze mag wahlweise etwas frauen- oder männerfeindlich klingen, aber es stimmt trotzdem häufig: Den Anstoß zur Gründung einer Familie geben oft eher die Frauen. Denn Frauen beschäftigen sich, das lässt sich aus ihren Erzählungen sehr gut heraushören, schon viel früher mit der Frage, ob sie Kinder haben wollen. Und vor allem auch damit, wann dafür so in etwa der richtige Zeitpunkt ist. Frauen haben zudem nicht selten das Talent, in Gesprächen mit ihrem aktuellen Partner sehr feinfühlig nachzuspüren, was dieser über das Kinderthema denkt. Selbst lässig hingesagte Proklamationen der Männer werden genauestens analysiert. Wollt ihr nicht glauben, ist aber so.

Natürlich sollten wir alle aufgeklärt genug sein, um zu wissen, dass an den fruchtbaren Tagen im Monat das Weglassen einer adäquaten Verhütung eben wahrscheinlicher zu Nachwuchs führen kann. Nicht nur weil mittlerweile die zahlreichen Aus- und Nebenwirkungen der Pille bekannt sein dürften, ist es unabdingbar, dass hier beide Partner die Verantwortung tragen. Und wenn man mit diesem Thema etwas »lockerer« umgeht, ist die Wahrscheinlichkeit für eine Schwangerschaft eben mehr gegeben. Auch ohne dass man konkret den Vorsatz gefasst hat »Jetzt machen wir ein Kind«, was durchaus auch eine Herangehensweise ans Thema ist.

Jedenfalls steht im Regelfall die Partnerin irgendwann mit einem Schwangerschaftstest in der Hand da (oder legt ihn auf den Tisch), um zu verkünden, dass Mann jetzt Vater wird. Okay, manche Frauen kündigen ihrem Partner auch an, dass sie jetzt testen, und beide sitzen gemeinsam die längsten drei Minuten der Welt aus, bis da der zweite Strich erscheint oder auch nicht.

Die digitalen Tests machen es einem noch leichter, indem dann da ganz einfach »schwanger« draufsteht, wenn das »Schwangerschafts«-Hormon HCG entsprechend nachweisbar ist. Egal, ob da einfach dieser positive Test auf den Tisch geknallt wird oder das Ganze noch in ein Paket mit Babyutensilien nett verpackt wird: Die Gefühle sind die gleichen.

Ab jetzt wird es ernst

Der Schwangerschaftstest macht irgendwie das erste Mal so richtig deutlich, dass man nun Vater wird. So war das bei mir, so war es bei Freunden. Und so erzählten es mir Dutzende Männer während der Vätergesprächsrunde, die ich eine Weile im Rahmen von Anjas Geburtsvorbereitungskursen geleitet habe. Dieser Moment der Verkündung ist gerade beim ersten Kind ein schwer beschreibbares Erlebnis, das viele Wege nehmen kann. Ich erinnere mich nicht mehr an jedes Detail, aber diese Mischung aus Freude und gewisser Angst ist bis heute als Gefühl ziemlich präsent.

Plötzlich ändert sich das ganze Leben. Komplett. Plötzlich ist man im Herzen nicht mehr alleine beziehungsweise zu zweit – sondern da ist noch jemand. Ein Baby im Bauch eines anderen, zumeist geliebten Menschen – und ein Teil von einem selbst. Natürlich ist das Bauchbaby in den ersten Wochen noch ziemlich klein und wächst erst allmählich zu einem irgendwann im Ultraschall sichtbaren Embryo heran. Aber es ist da. Und vor allem ist da diese neue Zukunft da – mit all ihren Hoffnungen, mit Vorfreude, aber auch mehr oder weniger vielen Sorgen oder Ängsten. Und ab dem Moment der Verkündung der Schwangerschaft verschwindet dieses Gefühl nicht mehr.

Diese ganzen Gedanken tauchen ebenso auf, werden aber womöglich völlig anders bewertet, wenn es sich um ein gänzlich ungeplantes Kind handelt. Diese Beschreibung finde ich persönlich zwar eher unpassend, denn ein Kind lässt sich ohnehin kaum planen. Es kommt oder in manchen Fällen eben auch nicht. Und nicht jede Schwangerschaft endet damit, dass man anschließend sein Baby in den Armen hält.

Aber gehen wir erst mal davon aus, dass alles gut ist (eine Grundhaltung, die für Paare während der Schwangerschaft ohnehin hilfreich ist) und der geschockte Mann die Verkündung der frohen Botschaft gut verdaut hat. Vielleicht sind Freudentränen geflossen, sicherlich wurde viel geredet und schon darüber nachgedacht, wann man mit wem über die Schwangerschaft spricht (dazu später mehr). Dennoch ist fast jeder Mann (wer hätte das jetzt gedacht …) ziemlich unvorbereitet auf das, was nun kommt und kommen kann. Nach der Lektüre dieses Buches wird das (hoffentlich) nicht mehr so sein.

KINDERWUNSCH UND WUNSCHKINDER

Der Kinderwunsch ist, rein biologisch betrachtet, bei Frau und Mann ähnlich groß, mit einer Tendenz dazu, dass er bei Männern erst zu einem späteren Zeitpunkt im Leben stärker wird als das bei Frauen der Fall ist. Dies liegt wohl an der biologischen Uhr und dem Umstand, dass es für Frauen statistisch betrachtet altersmäßig schneller schwieriger wird, schwanger zu werden. Männer hingegen bleiben wenigstens potenziell wesentlich länger zeugungsfähig.

Im Netz und in Zeitschriften finden sich reichlich Texte, die über den besten Zeitpunkt zum Kinderkriegen philosophieren. Darin fällt häufig der Begriff »Familienplanung«. Das Wort suggeriert, dass sich die Gründung einer Familie ebenso planen ließe wie der Kauf eines neuen Autos. Das ist natürlich Quatsch. Bei den heutigen mittlerweile recht sicheren Verhütungsmethoden lässt es sich im Umkehrschluss wesentlich einfacher planen, keine Familie zu gründen als andersherum. Aber 100-prozentig garantiert ist auch hier nichts.

Anja hört als Hebamme die Geschichten vieler Eltern auf ihrem Weg zum Kind. Von »reiner Zufall« bis »lange dran gearbeitet« ist alles dabei. Aber eines eint fast alle Geschichten: In den wenigsten Fällen lief es wie geplant. Fast nie haben sich beide Partner gleichzeitig fest für ein Kind entschieden und nur wenige Zyklen später trat dann die Schwangerschaft ein. So ist die Realität eher selten.

Nicht alles im Leben ist planbar

Manche Eltern werden von ihrem Kind völlig überrascht. Nicht wenige müssen längere Wartezeiten auf ihr Wunschkind in Kauf nehmen. Oder die vielfältigen Unterstützungsoptionen nutzen, die es in der Kinderwunschbehandlung gibt. Ab hier bleibt tatsächlich der Großteil der Eltern, die sich dieser körperlich und psychisch sowie meist auch finanziell sehr belastenden Behandlung unterziehen, am Ende ungewollt kinderlos.

Viele Paare haben ideale Zeitpunkte für ein erstes, zweites oder drittes Kind im Kopf – nicht selten unterscheiden sich diese bei beiden Partnern, was das Planen noch mal erschwert. Die Realität serviert uns oft ein anderes Resultat, was aber nicht zwangsweise heißen muss, dass das schlechter ist. Nur eben anders als geplant. Und ohnehin ist jedes Kind ein kleines Wunder. Eines, das sich eben nicht wirklich planen lässt.

Andere Väter erzählen: Der lange Weg zum Wunschkind

Meine Partnerin und ich haben einen langen Weg hinter uns: Am Ende hat es fast zehn Jahre gedauert, bis wir unsere Wunschkinder endlich in den Arm nehmen durften. Geklappt hat es am Ende nur dank der Möglichkeiten der modernen Medizin und dank der Großzügigkeit unbekannter Spender, die uns Eizellen und Sperma zur Verfügung gestellt haben. Ende März 2019 kamen unsere Zwillinge Henry und Louis gesund zur Welt. Über unseren Weg zu und mit den Zwillingen erzählen wir auf Instagram als @how_we_met_ our_baby. Dort kennt man mich als »Horst«, mein echter Name ist aber Daniel – aber pssst, ist ein Geheimnis!

Zehn Jahre Kinderwunsch sind eine lange Zeit voller Rückschläge und Enttäuschungen. Unsere Beziehung wäre zwischendurch fast daran zerbrochen. Erst als wir unsere Kommunikation auf eine neue Basis gestellt hatten, konnten wir wieder zueinanderfinden: Beide Partner müssen ausdrücklich sagen, was sie brauchen und sich wünschen, und nicht darauf hoffen, dass das Gegenüber die eigenen Bedürfnisse einfach so erkennt.

Kompromisse sind wichtig

Diese Maxime halten wir auch nach der Geburt der Zwillinge hoch. Nur sind es jetzt nicht zwei, sondern vier Individuen, die ihre Bedürfnisse in Einklang bringen müssen. Das bringt im Alltag natürlich mehr Kompromisse mit sich. Aber das empfinde ich nicht als Nachteil, denn als Gegenleistung bekomme ich Freude und Liebe im Überfluss. Es gibt keine Worte, die dem Gefühl gerecht werden, wenn auf dem Gesicht des Babys die Sonne aufgeht, nur weil man in sein Sichtfeld kommt.

Manchmal werde ich gefragt, ob es sich »komisch« anfühlt, weil die Zwillinge ja – genetisch gesehen – nicht »unsere« Kinder sind. Als wir uns für eine Doppelspende entschieden haben, war das auch tatsächlich ein Punkt, der für mich nicht ganz leicht zu verarbeiten war. Aber jetzt, wo die Jungs da sind, spielt das überhaupt keine

Rolle mehr. Diese zwei Kinder sind meine Söhne und ich bin unendlich stolz auf sie, fasziniert, verliebt, erstaunt, begeistert. Sie sind jede Anstrengung, jede Entbehrung, die wir in den letzten Jahren auf uns genommen haben, mehr als wert.

Ich weiß nicht, ob es mir als frisch gebackener Zwillingspapi zusteht, Vaterschaftstipps zu verteilen. Ich für mich nehme drei Lektionen aus unserem bisherigen Weg mit: »*Gib nicht auf!*« *Wenn man wirklich etwas will, muss man dafür kämpfen und auf vieles verzichten, wird aber irgendwann dafür belohnt.* »*Es ist nicht so gemeint.*« *Kommunikation ist schwierig und im Alltagsstress oder bei Enttäuschungen fallen auch mal harte Worte. Aber das ist nicht das wahre Selbst, es ist der Stress und das, was er aus uns macht, der da gerade spricht.* »*Be excellent to each other!*« *In den zehn Jahren Kinderwunsch habe ich begriffen, dass wir mit unserem Nachwuchs etwas schaffen, das bleibt. Ich wünsche mir eine Welt, in der meine Jungs gern leben und auch deren Kinder hoffentlich einmal gern leben werden. Und es liegt an mir genauso wie an jedem von uns, zu so einer Welt beizutragen. Und das versuche ich jeden Tag.*

WAS MACHT EINE SCHWANGERSCHAFT, WAS ÄNDERT SICH?

Eine Schwangerschaft dauert 40 Wochen oder zehn Monate. Das weiß schon jedes Kind. Wenn man ganz genau schaut, stimmt diese recht pauschale Angabe allerdings nicht. Denn sie zählt die Schwangerschaftstage ab dem ersten Tag der letzten Regel der Frau. Und schwanger ist sie ja in Wirklichkeit erst, wenn die Empfängnis stattgefunden hat. Also dann, wenn die Eizelle nach dem Eisprung das befruchtende Spermium empfangen hat.

Wiederum zehn bis vierzehn Tage später lässt sich dann meist mittels eines Blut- oder Urintests das »Schwangerschafts«-Hormon HCG nachweisen. Zu diesem Zeitpunkt ist dann die Schwangerschaft eigentlich erst zwei Wochen alt, aber gerechnet vom ersten Tag der letzten Regelblutung sind eben schon vier Wochen vergangen. Anhand dieser Angabe errechnet sich auch der Geburtstermin, der einfach ab dem Beginn der letzten Regel 40 Wochen in die Zukunft datiert wird. Es ist nur ein theoretischer Richtwert. Im Durchschnitt dauern Schwangerschaften eher 268 als 280 Tage. Abseits jeglicher Statistik kommen die meisten Kinder aber vor oder nach dem errechneten Termin zur Welt – schon wieder so ein Punkt, der sich nicht wirklich planen lässt.

Grob lässt sich die Schwangerschaft auch in Drittel (Trimester oder Trimenon) einteilen. Das erste Drittel entspricht der 1. bis 13. Schwangerschaftswoche (abgekürzt SSW, drei Buchstaben, die ihr in den nächsten Wochen und Monaten garantiert häufiger lesen werdet …) und heißt erstes Trimester. Das zweite Schwangerschaftsdrittel geht von der 14. bis zur 26. Schwangerschaftswoche. Das dritte Trimester und damit das letzte Schwangerschaftsdrittel startet mit der 27. Schwangerschaftswoche und endet mit der Geburt des Kindes.

ERSTES TRIMESTER: PHASE DER ANPASSUNG

Im ersten Trimester verschmelzen Ei- und Samenzelle, teilen sich diverse Male und nach und nach entsteht daraus ein vollständiger kleiner Mensch. Das Baby wird in den ersten Wochen als Embryo und ab der neunten Woche als Fetus oder Fötus bezeichnet. Bereits in diesen frühen Schwangerschaftswochen werden alle Organe des Babys angelegt. Schon ab der sechsten beziehungsweise siebten Schwangerschaftswoche kann man den Herzschlag des Babys im Ultraschall erkennen und über Lautsprecher auch hören. Aber muss man das wirklich?

Hebammen sagen eher: Nein, muss man nicht. Denn ein zu früher Frauenarzttermin verursacht eher Stress und Verunsicherung in einer ohnehin verunsichernden Zeit. Vorgesehen ist der erste Ultraschall auch deshalb erst ab der neunten Schwangerschaftswoche. Viele Fähigkeiten des Babys beginnen sich jetzt schon zu entwickeln. So kann es am Ende des ersten Trimenons schon am Finger saugen, Fruchtwasser schlucken, lächeln, gähnen oder auch die Stirn runzeln. Ziemlich verrückt, wo der Fetus in der zwölften Schwangerschaftswoche gerade einmal durchschnittlich fünf bis sechs Zentimeter lang ist. Gemessen wird dabei immer die Länge zwischen Scheitel und Steiß (SSL), also der Abstand zwischen Kopf und Po. Das durchschnittliche Gewicht liegt bei 20 bis 25 Gramm.

Diese ganzen Prozesse von Wachstum und Entwicklung betreffen natürlich nicht nur das Baby, sondern auch deine Partnerin von Anfang an. Die für den Erhalt der Schwangerschaft benötigten Hormone haben auch auf den Körper der Frau vielfältige Auswirkungen. Häufige Toiletten-Gänge, spannende Brüste, veränderte Haut, Ziehen im Unterleib, Übelkeit und in vielen Fällen auch eine bleierne Müdigkeit erlebt die Mehrheit der Frauen in der Frühschwangerschaft. Je nach Ausprägung der Symptome kann das mehr oder weniger belastend sein. Das Wohlbefinden hängt maßgeblich davon ab, wie intensiv all diese Veränderungen ausfallen.

Vergleichen bringt hier gar nichts – denn es ist von Frau zu Frau ganz unterschiedlich, wie es ihr in der Schwangerschaft geht. Und selbst bei ein und derselben Frau kann es von Schwangerschaft zu Schwangerschaft ganz unterschiedlich aussehen. Spätestens ab dem dritten Kind habe ich hier als Mann immer mit allem und mit nichts gerechnet.

MEINE FRAU, DAS PLÖTZLICH UNBEKANNTE WESEN

Gerade eben noch war die Partnerin nicht wissentlich schwanger, aber erste Anzeichen für die Schwangerschaft können sich unter Umständen schon früh bemerkbar machen. Was viele Männer hart und unvorbereitet trifft, ist die hormonelle Umstellung bei der Partnerin. Genau diese führt nicht selten zu ziemlich deutlichen Stimmungsschwankungen und neuen, anderen Verhaltensweisen im Alltag. Gerade in den ersten Wochen der Schwangerschaft sind viele Frauen wahnsinnig müde und antriebslos, was in Unkenntnis der Sachlage schnell zu Fehleinschätzungen führt. Deutlicher erkennbar sind die in vielen Fällen auftretende Dauerübelkeit und das eventuell damit verbundene Erbrechen sowie der Drang zum häufigen Wasserlassen. Gerade am Anfang baut der Körper der Frau um und natürlich daran mit, einen neuen Menschen zu erschaffen. Das führt zu körperlichen und emotionalen Veränderungen, übrigens durchaus bei beiden Partnern. Väter sind auch mit schwanger, sobald sie Bescheid wissen.

Ist die Schwangerschaft dem Partner noch nicht bekannt, weil es die Partnerin noch nicht verraten hat oder einfach selbst noch nichts davon weiß, kann man sich das Konfliktpotenzial ausmalen. Aber wenn der Vater von der Schwangerschaft weiß, sollte er sich gegenüber seiner Partnerin maximal verständnisvoll verhalten. Die Frühschwangerschaft ist eine sehr anstrengende Phase, die oft nicht genug anerkannt und geschützt wird. Das gilt häufig vor allem im Berufsalltag.

Ab jetzt läuft Rosamunde Pilcher

Auch wenn eine Schwangerschaft absolut keine Krankheit ist, sondern ein ganz normaler Zustand, sind einige Symptome denen von Krankheiten nicht unähnlich. Frühschwangere unterliegen zum Teil großen Stimmungsschwankungen, bedingt durch die hormonelle Umstellung. Musik hören und Filme gucken war gerade eben noch etwas, das man einfach so gemacht hat. Und plötzlich fließen bei der Partnerin aus heiterem Himmel Tränen, weil eine Textzeile irgendeinen neuen Nerv trifft.

Das Filmprogramm schränkt sich auch gern mal ein. Profane Hollywood-Action, die gerade eben noch als Popcorn-Kino immer machbar war, ist nun zu brutal. Das wollen Frauen nicht mehr sehen. Aber nicht nur sie: Bei mir hat sich in der ersten Schwangerschaft eine bis heute andauernde Aversion gegen den sonntäglichen Tatort manifestiert. Irgendwas war mir damals zu brutal und hat eine subtile Angst ausgelöst, die mich heute immer noch davon abhält, Tatort zu schauen.

Kurzum: Viele Schwangere neigen eher zu romantischen Komödien, zu seichter Kost ohne viel Weltschmerz, Gewalt oder gar problematische Szenen, in die Kinder involviert sind. Das ist in den Monaten vor der Geburt bereits sehr präsent und hält auch danach noch gern an. Gewöhnt euch also unter Umständen für eine Weile an ein Leben ohne Game of Thrones, Black Mirror und Co. – jedenfalls dann, wenn es um den gemeinsamen Kino- und Serienabend geht. Zum Glück sind die Frauen oft derart müde, dass sie auf dem Sofa schnell einschlafen. Dann kann man im Zweifel umschalten.

So war es bei mir: Die Verkündung

Anja steht mit dem Schwangerschaftstest in der Hand vor mir und ich weiß es sofort. Der Strich auf dem Frühtest ist auch nicht zu übersehen. Ich atme durch und freue mich – wie auch bei allen anderen Schwangerschaften zuvor. Dieser Moment, in dem man realisiert, dass sich ein kleiner Mensch auf den Weg macht, ist einfach irre schön und bewegend.

In der sechsten Schwangerschaftswoche schlägt dann die Freude in Übelkeit und eine bleierne Müdigkeit um, bei Anja natürlich. Sie schleppt sich durch den Tag und braucht für alles Ewigkeiten. Was natürlich nervig ist, wenn man Termine hat und drei weitere Kinder, die auch Termine haben. Oder einfach nur den Drang, mal dringend raus in den Wald zu wollen.

Damit die Kinder nicht denken, Anja wäre schwer krank oder so, beschließen wir, ihnen zu sagen, dass ein Geschwisterchen unterwegs ist. Dafür pinkelt Anja noch mal auf einen dieser digitalen Schwangerschaftstests, der dann das Wörtchen »schwanger« deutlich lesbar anzeigt – denn zwei unserer drei Kinder können bereits lesen. Wir verpacken das Ganze nett und machen ein Picknick im Wald, wo wir das kleine »Geschenk« überreichen. Die Kinder packen aus und die kleine Tochter wundert sich über das Fieberthermometer. Wissend klärt die große Schwester auf: »Nein, das ist doch so ein elektrisches Ding, das gegen Mückenstiche hilft. Das habe ich in einer Zeitung von Mama gesehen.« Erst dann lesen sie und verstehen, was wir ihnen eigentlich sagen wollen.

Die Freude ist riesig und wir haben fast ein wenig Sorge, dass wir es doch zu früh verraten haben. Aber der beste Zeitpunkt, es als Frau dem Partner oder den womöglich schon vorhandenen Kindern zu sagen, ist wohl, wenn es sich einfach richtig anfühlt.

In jedem Fall, das kann man gar nicht häufig genug unterstreichen, sind die Monate der Schwangerschaft im Idealfall geprägt von großer Rücksichtnahme seitens der Väter. Das gilt auch und gerade dann, wenn sie »ungerecht« behandelt werden. Man kann es nicht anders beschreiben, aber eine Schwangere neigt dazu, vor allem die ihr am nächsten stehende Person am härtesten zu fordern. Einfach aus dem Gefühl heraus, sich hier emotional sicher und aufgehoben zu fühlen. Also gilt es, als werdender Vater einmal mehr als sonst tief durchzuatmen. Es wird wieder anders, versprochen. Die ersten drei Monate der Schwangerschaft strengen Frauen sehr an, auch weil viele in der Öffentlichkeit die Schwangerschaft nicht bekannt machen. Sie versuchen, trotz Dauermüdigkeit und Konzentrationsschwächen, weiter ihren Job gut zu machen. Allein das saugt irre viel Energie.

WER BEGLEITET EUCH DURCH DIE SCHWANGERSCHAFT?

Schwangerschaft ist keine Krankheit, das wisst ihr bereits. Aber dennoch solltet ihr euch die passende professionelle Begleitung für Schwangerschaft, Geburt, Wochenbett und die Monate danach suchen – und zwar möglichst schnell nach dem positiven Schwangerschaftstest.

Es ist keine Panikmache, dies zu sagen. Es ist heutzutage einfach eine Notwendigkeit, vor allem bei der Hebammensuche, aber auch der Frage des Geburtsortes. Denn sowohl Beleghebammen in Kliniken als auch Hebammen im Geburtshaus haben nur begrenzte Kapazitäten. Wer eine Hebamme für eine außerklinische Geburt im Geburtshaus oder eine Beleghebamme für eine Klinikgeburt möchte, muss schnell sein. Denn deren Terminkalender sind genauso schnell voll wie die begehrter Topmodels während der Fashionweek in Paris oder Mailand.

Wer eine Hausgeburt plant, sollte auf jeden Fall früh dran sein, denn gerade die Hausgeburtshebammen werden immer seltener. In manchen Landstrichen ist diese Option mittlerweile gar nicht mehr zu finden. Aber auch eine Beleghebamme für die Klinikgeburt mit noch freien Kapazitäten zu finden gleicht jenseits der 8. SSW einem Sechser im Lotto.

Prinzipiell geht es am Anfang also um ein paar konkrete Fragen und die Antworten darauf. Leider sind die nicht immer ganz einfach zu finden.

So war es bei mir: Die komplizierte Hebammensuche

Auch wenn es irgendwie komisch klingt: Natürlich suchen auch Hebammen eine Hebamme. Denn gerade Hebammen, mit all ihrem Vorwissen, brauchen ein gutes und überzeugendes Regulativ während der Schwangerschaft, unter der Geburt und im Wochenbett. Die Hebammensuche beim vierten Kind lief wie bei den anderen Kindern auch: Ich durfte zuschauen.

Anja hatte bereits eine Kollegin im Auge und fragte quasi direkt nach dem positiven Schwangerschaftstest nach, ob sie uns betreuen könnte. Sie sagte gern zu. Wir atmeten beide auf. Denn eine sichere Betreuungszusage früh in der Schwangerschaft entspannt gehörig. Aber dann krempelte ein Zufall das Leben »unserer« Hebamme um. Sie zog ein paar Wochen nach der Zusage nach London, um dort zu studieren. Wir verloren also unsere Hebamme, einfach so.

Hebammenteam bei Hausbesuch angeworben

Also wieder alles auf Anfang. Und da nun bereits einige Wochen Schwangerschaft ins Land gezogen waren, wurde klar: Die Suche nach einer neuen Hebamme, die noch Hausgeburtshilfe anbietet, würde schwierig werden, selbst für eine Kollegin. Nur über eine glückliche Fügung haben wir dann ein Hebammenteam aus zwei Kolleginnen für die Hausgeburtsbetreuung gefunden. Meine Frau hatte in der 14. Schwangerschaftswoche eine gute Freundin bei der

Hausgeburt begleitet. Und dann gleich die Gelegenheit genutzt, das dort anwesende Hebammenteam anzuwerben. Was für ein Geschenk, dass das noch geklappt hat.

Unsere Hebammen haben mit uns gemeinsam die kurze intensive Hausgeburt ebenso gemeistert wie die aufregenden Wochen davor (mehr dazu findet sich auf unserem Blog »Von guten Eltern«). Ich bin bis heute dankbar, dass diese beiden Frauen uns begleitet haben – ebenso wie den Hebammen, die uns die drei Male davor kompetent und einfühlsam zur Seite standen. Ich wünsche allen werdenden Eltern, dass sie eine ebenso gute Betreuung bekommen.

HEBAMME, FRAUENARZT ... UND WAS FRAU NOCH BRAUCHT

Ab dem positiven Schwangerschaftstest oder ab dem Zeitpunkt, an dem ihr vermutet, schwanger zu sein, ist die Hebamme eure erste Ansprechpartnerin – also im Zweifel schon recht früh in der Schwangerschaft. Ihre Dienste werden von den gesetzlichen Krankenkassen übernommen und auch von den meisten privaten Kassen erstattet.

Natürlich kann die Schwangerenvorsorge genauso gut auch bei der Frauenärztin durchgeführt werden. Diese haben die meisten Frauen bereits, aber zum Beispiel kann nach einem Umzug oder bei einem Wunsch zu wechseln auch diese Suche schwieriger werden. Die Hebamme ist zuständig für den physiologischen Verlauf, das heißt für alle Veränderungen und Proezsse die im Körper einer Frau während der Schwangerschaft ablaufen. Sobald Auffälligkeiten und Komplikationen auftreten, zieht sie immer einen Gynäkologen hinzu. Risikoschwangerschaften sollten grunsätzlich von einem Frauenarzt mitbetreut werden. Er führt auch die Ultraschallkontrollen und gegebenenfalls die Untersuchungen im Rahmen der Pränataldiagnostik durch.

So war es bei mir: Ein möglicher Weg der Pränataldiagnostik

Alle werdenden Eltern sollten bewusst und gemeinsam eine Entscheidung für oder gegen das gezielte Untersuchen des im Bauch wachsenden Babys treffen, eine Entscheidung für oder gegen Pränataldiagnostik also. Diese Entscheidung ist schon relativ früh in den ersten Schwangerschaftswochen fällig. Ich schreibe hier von unserem persönlichen Weg, explizit ohne Empfehlungscharakter. Es ist nur ein Weg von vielen.

Die Rolle der Ärzte

Bei den ersten beiden Kindern im Jahr 2005 und 2008 war die Pränataldiagnostik für uns kein wirkliches Thema. Zum einen, weil Anja als unter 35-Jährige nicht dazu »gedrängt« wurde. Zum anderen, weil diese Leistungen damals noch nicht als so »selbstverständlich« galten, wie es heute der Fall ist. Auch die Frauenärztin war ein Faktor. Natürlich hat sie uns über alle möglichen Optionen informiert, aber ohne Panikmache und Beeinflussung in die eine oder andere Richtung. Dass dies nicht immer so ist, haben wir beim dritten Kind in einer sehr modern ausgestatteten Frauenarztpraxis erlebt. Dort bot man uns bereits beim ersten Termin diverse pränataldiagnostische Untersuchungen an.

Die Beratung ging ganz klar in die Richtung, doch bitte mindestens das Ersttrimesterscreening machen zu lassen. Anja hatte damals nämlich die »gefährliche 35« überschritten. Tatsächlich gibt es ab diesem Alter statistisch ein höheres Risiko, dass das Kind vielleicht nicht gesund ist. Letztlich handelt es sich bei allen Wahrscheinlichkeiten aber nur Zahlenspiele. Und diese können ein schwangeres Paar leider ganz schön verrückt machen.

Nachdem wir diese Untersuchung eigentlich abgesagt hatten, ließ Anja sie kurzfristig doch noch machen. Um am Ende eine rein statistische Risikoeinschätzung zu bekommen, die Wahrscheinlichkeiten auflistet, letztlich aber nicht sagen kann, ob »alles ganz in Ordnung« ist. Denn genau das kann keine dieser Untersuchungen.

Schon bevor wir damals das Testergebnis der Nackenfaltenmessung hatten, fühlte Anja deutlich, wie wenig ihr persönlich diese Untersuchung bringt, deren Ergebnisse zudem mit Vorsicht zu genießen sind. Letztlich führte aber etwas anderes dazu, dass wir keine weiteren Untersuchungen dieser Art vornehmen ließen. Auch nicht später beim vierten Kind. Es war die Erkenntnis, dass es im Endeffekt immer um eine Entscheidung geht, die weder Anja noch ich treffen können oder wollen.

Wie geht man mit einem auffälligen Ergebnis um?

Natürlich werden im Zuge der Pränataldiagnostik – selten – auch Krankheiten diagnostiziert, die nach der Geburt oder womöglich noch in utero behandelbar sind. Aber vor allem geht es um das Erkennen von möglichen chromosomalen Abweichungen, die verschiedene Symptome und Prognosen haben. Und die sich nicht durch Operationen oder Medikamente beheben lassen. Für manche Babys bedeutet das, dass sie unter Umständen nach der Geburt gar nicht oder nicht lange lebensfähig sind. Für manche, dass sie eine Reihe von Besonderheiten mitbringen, die mögliche Einschränkungen in der Entwicklung bedeuten. Wie diese aussehen und wie das Leben verlaufen wird, kann derweil niemand vorhersagen.

Heutzutage läuft Pränataldiagnostik anfangs ohne invasive und dadurch auch ohne Untersuchungen ab, die ein gewisses Fehlgeburtsrisiko mit sich bringen. Eine einfache Blutabnahme kann Auskunft über bestimmte chromosomale Abweichungen geben. Die Ergebnisse dieser Bluttests werden zwar bei einem auffälligen Befund noch durch eine invasive Fruchtwasseruntersuchung oder eine Chorionzottenbiopsie überprüft. Aber insgesamt ist die Verlässlichkeit dieser Blutuntersuchung recht hoch. Damit wird die Entscheidung für eine pränatale Untersuchung scheinbar leichter gemacht. Aber letztlich sollte man sich vorab immer Gedanken darüber machen, wie man mit einem auffälligen Ergebnis umgehen wird.

Über 90 Prozent aller Kinder, bei denen Trisomie 13, 18 oder 21 diagnostiziert wird, werden in der Folge abgetrieben. Die Ent-

scheidung darüber müssen Eltern allein für sich und ihr Kind treffen. Aber auch hier spielen viele andere Faktoren eine durchaus entscheidende Rolle. Nicht alle Eltern bekommen eine ergebnisoffene Beratung, die über alle Optionen gleichberechtigt und neutral informiert. Oft bekommen sie nicht einmal genug Zeit, um wirklich individuell abwägen zu können, welchen Weg sie gehen wollen. Und das, obwohl es sich um eine Entscheidung handelt, mit der Eltern ein Leben lang leben müssen.

Es geht auch ohne

Beim vierten Kind haben wir in der 22. Schwangerschaftswoche das erste Mal einen regulären Ultraschall machen lassen inklusive der erweiterten Untersuchung, bei der die Organe noch mal genauer angeschaut werden. Das war uns wichtig in Hinblick auf die geplante Hausgeburt. Der zweite Ultraschall fand dann in der 33. Schwangerschaftswoche statt.

Was für euch als werdende Eltern richtig ist, bleibt individuell. Jede Frau, jedes Paar und jede Schwangerschaft sind anders. Es lässt sich also nicht mit ja oder nein beantworten, wenn sich Eltern fragen, ob und inwieweit sie die Möglichkeiten der Pränataldiganostik in Anspruch nehmen möchten. Wichtig ist am Ende, dass es immer eine eigene, möglichst gut informiert getroffene Entscheidung ist.

Die Hebamme: Ansprechpartner von Anfang an

Im Idealfall wechseln sich während der Schwangerschaft Frauenarzt und Hebamme bei der Betreuung der Schwangeren ab und ergänzen sich so sinnvoll. Beides sind Leistungen der Krankenkassen für gesetzlich und privat Versicherte. Entscheidend sind die jeweiligen Bedürfnisse der Schwangeren. Die Hebamme ist von Anfang an Ansprechpartnerin und Unterstützerin bei allen Fragen oder Beschwerden rund um Schwangerschaft und Geburt. Darüber hinaus leitet sie die Geburtsvorbereitungskurse (mehr dazu auf S. 64), die auch heute bei Männern noch gern als »Hechelkurse« verschrien sind. Zu Unrecht. Ich sage: »Männer, geht mit. Ohne Vorurteile und mit offenen Ohren. Es wird euch nicht schaden.«

Dazu gesellen sich im Laufe der Schwangerschaft reichlich voll privat zu zahlende Angebote von unterschiedlicher Sinnhaftigkeit, die teilweise von Hebammen mit speziellen Zusatzausbildungen oder von anderen Experten übernommen werden. Schwangerenyoga, Akupunktur, Hypno-Birthing oder die Dienste einer Doula für die Geburtsbegleitung gehören dazu. Wer was hiervon in Anspruch nehmen sollte und will, ist eine individuelle Entscheidung in Relation zu den eigenen Bedürfnissen. Wenn es der Partnerin guttut, ist es auf jeden Fall sinnvoll investiertes Geld.

VORSORGE: ZWISCHEN MUTTERPASS UND ÜBERVORSORGE

Die Schwangerenvorsorge in Deutschland orientiert sich an den Mutterschaftsrichtlinien und wird im Mutterpass dokumentiert. Anfangs sind alle vier Wochen die Untersuchung von Parametern wie Blutdruck, Urin, Gewicht, Gebärmutterstand, Herztöne und Lage des Babys vorgesehen. Darüber hinaus werden noch diverse Blutwerte bestimmt, manche einmalig, manche wiederholt, wie zum Beispiel der Eisenspeicherwert. Ab der 32. SSW findet die Vorsorge alle zwei Wochen statt.

Viel hilft nicht immer viel

Ist der Geburtstermin überschritten, werden engmaschigere Kontrollen empfohlen. Das gilt auch bei etwaigen Komplikationen. Die gute Begleitung einer Schwangerschaft ist sinn- und wertvoll. Aber es gibt hierzulande auch die Tendenz zur Überfürsorge. Und viel hilft nicht immer viel. Denn wenn keine

Besonderheiten wie bei den meisten aller Schwangerschaften auftreten, bewirkt ein Zuviel an Kontrolle eher Verunsicherung und somit Stress für die Schwangere. Und auch für den Partner. Mich hat »unsere« Frauenärztin beim dritten Kind mit ihren diversen Untersuchungsvorschlägen – weil meine Frau ja »schon« 35 war – eher nervös gemacht als beruhigt. Das war sicherlich nicht ihre Absicht. Aber die Aufzählung sämtlicher vermeintlicher Risiken ist nicht gerade entspannend. Vier Jahre später sitze ich mit meiner nun noch älteren und somit noch risikobehafteteren Frau wieder bei »unserer« alten Frauenärztin vom zweiten Kind. Auch die klärt uns über die Untersuchungsoptionen auf, aber der Fokus liegt auf dem »Normalzustand Schwangerschaft«. Entspannt verlassen wir gemeinsam ihre Praxis.

Entspannt verliefen auch alle Vorsorgetermine bei unseren Hebammen, die in der Regel dafür immer eine gute Stunde eingeplant hatten. Es war immer genug Zeit für alle Fragen. Ich konnte mir als Vater zeigen lassen, wie ich mein Kind im Bauch tasten oder die Herztöne mit dem Hörrohr hören kann. Ob Vorsorge im Geburtshaus oder in der Hightech-Praxis – beides kann sich gut und richtig anfühlen. Entscheidend ist, dass bei der Vorsorge nicht hinterher mehr Sorge als Zuversicht existiert. Angst ist einfach kein guter Schwangerschaftsbegleiter.

Zu viele Kontrollen können Sorgen schüren

Vorsorge ist ein sinnvolles Angebot für Schwangere. Aber letztlich entscheidet jede Frau selbst, in welcher Form diese in Anspruch genommen wird. So gehen manche Frauen bereits in der 6. SSW zum Frauenarzt, andere erst ab der 12. SSW zur Hebamme. Nichts davon ist besser oder schlechter.

Ein Beispiel für die bisweilen in Deutschland etwas übereifrige Schwangerenvorsorge sind die routinemäßigen CTG-Kontrollen in der Schwangerschaft. Ein Blick in die Mutterschaftsrichtlinien zeigt, dass diese in einer normal verlaufenden Schwangerschaft vor dem errechneten Geburtstermin gar nicht vorgesehen sind. Es gibt dort nämlich eine Indikationsliste, die beschreibt, in welchen Fällen die CTG-Untersuchung überhaupt angezeigt ist. Trotzdem haben die meisten Schwangeren ab der 28. Schwangerschaftswoche, häufig sogar schon früher, ihren ersten Kontakt mit dem Herzton-Wehenschreiber. Übrigens ohne dass eine vorzeitige Wehentätigkeit, eine drohende Frühgeburt oder ein anderer rechtfertigender Grund vorliegt.

Falsch-positive Befunde und ihre Konsequenzen

So hat sich in den letzten Jahren eine Untersuchung zur Routinemaßnahme in der Schwangerschaft entwickelt, deren Nutzen in dieser Phase wissenschaftlich aktuell nicht geklärt ist. Als meine Frau, die diese Untersuchung in der Schwangerschaft ablehnte, sehr intensiv mit der medizinischen Fachangestellten darüber diskutierte, war ich selbst als Hebammenmann etwas verunsichert. Und das, obwohl wir zuvor darüber gesprochen hatten und Anja mir plausibel erklärt hatte, dass mit jeder Messung von bestimmten Parametern immer auch die geringe Gefahr gegeben ist, dass falsch-positive Befunde weitere Konsequenzen und Eingriffe nach sich ziehen, die eigentlich gar nicht notwendig wären.

Auch wenn es sich scheinbar nicht so »schlimm« anhört, wenn einfach nur noch mal kontrolliert werden muss – so macht genau das etwas mit der Schwangeren beziehungsweise auch mit euch als werdendem Vater. Es erzeugt immer ein Gefühl der Sorge, wenn auch nur ansatzweise geäußert wird, dass es dem Baby nicht gut gehen könnte. Manchmal macht es sogar richtig Angst. Und Angst ist, wie bereits gesagt, nie ein guter Schwangerschaftsbegleiter. Deshalb fragt nach, wann was und warum gemacht werden soll. Denn eine gute Schwangerenvorsorge sollte eure Sorgen am besten nicht noch verstärken, sondern sie auffangen – auch und gerade bei schwierigeren Verläufen. Um unabhängige Entscheidungen treffen zu können, müssen Eltern gut informiert sein. Und das eben nicht nur durch Dr. Google. Und wer es doch nicht lassen kann: www.gesundheitsinformation.de (Stichwort Fortpflanzung und Geburt) ist ein guter Startpunkt im Netz.

DAS ERSTE BILD VOM EIGENEN KIND

Die Partnerin spürt in den ersten Wochen und Monaten der Schwangerschaft die vielen Veränderungen, die in ihrem Körper vor sich gehen. Das geht den Männern natürlich nicht so. Für viele ist das Baby anfangs eher ein »Konzept«. Und für ebenso viele Männer ändert sich dies in jenem Moment, in dem sie das erste Ultraschallbild des Babys sehen. Zwischen der neunten und zwölften Schwangerschaftswoche steht der erste von drei empfohlenen Ultraschallterminen beim Frauenarzt an. Zwei weitere Untersuchungen werden um die 20. und 30. SSW herum angeboten. Ist die Schwangere gesund und verläuft die Schwangerschaft normal, sind darüber hinaus keine weiteren Ultraschallaufnahmen notwendig.

Der erste Ultraschall soll primär die Schwangerschaft bestätigen. Es wird geschaut, ob sich der Embryo in der Gebärmutter eingenistet hat. Ihr seht zum ersten Mal das schlagende Herz eures Kindes, auch die äußere Körperform ist schon erkennbar. Es ist ein besonderer Moment, denn an diesem Tag wird vielen visuell klar: Da ist ja wirklich noch jemand. Im Bauch meiner Frau wächst ein Baby. Mein Baby!

Es ist für viele Väter das erste Mal, dass aus dem »Konzept Kind« eine begreifbare Realität wird. Häufig bekommt das Bauchbaby an diesem Tag seine ersten Spitznamen und nimmt allein durch seine bildliche Präsenz den Vater deutlich mehr mit hinein in die Schwangerschaft.

Später kann man als Vater den Bauch streicheln, die ersten Tritte spüren und dabei mit dem Baby reden. Je größer der Bauch wächst, umso realer wird das Baby darin. Aber gerade uns Vätern geben die ersten Ultraschallbilder die Möglichkeit, eine Verbindung zum Baby aufzubauen. Dennoch ist und bleibt der Ultraschall eine Vorsorgeuntersuchung.

Ultraschalluntersuchungen im Rahmen der Mutterschaftsrichtlinien

Zum zweiten Termin rund um die 20. Woche gibt es einen Basis- und einen erweiterten Basis-Ultraschall, beides Leistungen der gesetzlichen Krankenkassen. Beim ersten wird die altersgerechte Entwicklung des Babys gecheckt, etwa die Größe von Kopf und Körper. Die erweiterte Variante schaut Kopf, Hirnkammern und Kleinhirn genauer an sowie das Größenverhältnis von Brustkorb und Herz. Herzkammern und Herzschlag werden überprüft und ob die Bauchwand und die Wirbelsäule geschlossen und Magen sowie Harnblase sichtbar sind.

Die dritte in den Mutterschaftsrichtlinien vorgesehene Untersuchung per Ultraschall ist rund um die 30. SSW vorgesehen. Hier wird nach der altersgerechten Entwicklung sowie der Lage des Kindes geschaut. Auch die Plazenta und die Fruchtwassermenge werden erneut überprüft.

Bei Auffälligkeiten im normalen Ultraschall können vom behandelnden Arzt weitere Untersuchungen veranlasst werden. Der Feindiagnostik- oder Organ-Ultraschall wird auch als »Fehlbildungs-Ultraschall« bezeichnet. Geschulte Experten können ab der 13. Woche viele Organe genauer untersuchen und etwa die Hälfte aller schwerwiegenden Fehlbildungen erkennen. Bei Auffälligkeiten wird engmaschiger kontrolliert beziehungsweise werden weiterführende Untersuchungen veranlasst. Liegt ein begründeter Verdacht auf eine Erkrankung vor, zahlen die Kassen, jenseits davon muss man die Kosten selbst tragen.

Baby-TV wird gesetzlich eingeschränkt

Über die medizinisch empfohlenen Untersuchungen hinaus hat in den vergangenen Jahren das Angebot an möglichen Ultraschallkontrollen zugenommen, die eigentlich nur dem reinen »Baby-Watching« dienen. Zum Teil wurden diese Ultraschalltermine auch von Nicht-Fachleuten ohne ärztliche Ausbildung angeboten. Ab 2020 wird das als Baby-TV populär gewordene Event immerhin so weit eingeschränkt, dass im Rahmen des neuen Strahlenschutzgesetzes die Ultraschalluntersuchung des Ungeborenen ausschließlich Ärzten vorbehalten bleibt. Und es muss sich immer um einen medizinischen Ultraschall mit entsprechender Indikation handeln.

Auch mit den drei regulären Ultraschalluntersuchungen lassen sich ausreichend Innenansichten aus dem Bauch fürs Familienalbum sammeln. Und so spannend diese Bilder auch sind – die durch die Bauchdecke gefühlten Bewegungen des Babys sind doch noch um einiges berührender und bringen einen zudem näher an die Vorstellung heran, bald ein Baby im Arm zu halten.

So war es bei mir: Fehlgeburten und der Umgang damit

Wenn ein Kind vor der Geburt einen anderen Weg nimmt und zum Sternenkind wird, begleitet es die Eltern gedanklich dennoch ein Leben lang. Und häufig trägt die Mutter die größere emotionale Bürde. Wenn ein Kind gehen muss, bevor es richtig im Leben angekommen ist, ist das für die ganze Familie ein großer Schock. Doch nach dem Schock wartet ein Leben, das es zu meistern gilt.

Wenn der Schwangerschaftstest ein positives Ergebnis anzeigt, verändert sich für uns Väter rein körperlich gar nichts. Und doch verändert sich alles. Denn selbst wenn das Baby im Bauch der Partnerin anfangs weder sicht- noch spürbar ist, dreht das Gedankenkarussell sofort los. Die Fahrt bietet von großen Sorgen bis zu enormer Vorfreude alles.

Vor allem bei den Schwangerschaften nach der Geburt unseres ersten Kindes war die Freude auf das neue Baby sofort sehr konkret. Ich habe immer darauf vertraut, dass alles gut ist und wird. Doch in der vierten Schwangerschaft sollte es anders kommen. Als unser Kind in der zwölften Woche plötzlich und abrupt ging, krachte eine Welt zusammen.

Ich hatte die Tendenz, das Thema »abhaken« zu wollen. Doch so einfach ist das nicht. Eine Fehlgeburt hat Auswirkungen auf die gesamte Familie und vielleicht auch auf noch folgende Babyzeiten. Die Zukunft, die ich mir ausgemalt hatte, sie war weg. »Einfach« so. Und über eine Fehlgeburt redet man nicht. Männer noch weniger als Frauen. Mir war zum Heulen zumute, aber ich »musste« den Zusammenbruch von Anja irgendwie auffangen und abfedern. Außerdem waren da die anderen Kinder. Ich sehe noch immer, wie fassungslos ihre Gesichter aussahen, als wir die beiden Mädchen am gemeinsamen Flohmarktstand stehen ließen. Eine Freundin blieb bei ihnen, während ich mit Anja ins nahe liegende Klinikum fuhr.

Im Krankenhaus wurde uns bestätigt, was uns ohnehin klar war. Wir waren beide geschockt. Und es dauerte ein paar Tage, bis aus dem Schock die Wut und aus der die Trauer wurde. Und es hilft nichts. Man muss da durch. Muss anfangen, darüber zu reden. Mit sich und anderen. Der offensive und offene Umgang hat mir geholfen. Er hat uns geholfen. Diese große persönliche Krise zerstörte am Ende nicht meine Beziehung zu Anja, sondern hat sie intensiviert.

Es klingt manchmal fast gemein, aber es ist so. Diese Erfahrung hat uns gelehrt, das Leben deutlicher zu sehen und noch dankbarer zu sein. Für dieses eine Leben, das wir haben. Wir waren bei einer Trauerbegleiterin, die auch Raum für meine Gedanken als Vater hatte. Das war wichtig, aber gerettet hat mich, dass meine Partnerin mit mir geredet hat und ich mit ihr. Das war der Anfang vom Leben nach dem Tag, an dem mein Baby noch im Bauch starb.

WO UND WIE SOLL DAS KIND
AUF DIE WELT KOMMEN?

Es ist eine zentrale Frage, irgendwie auch eine Glaubensfrage: Wo und wie soll das Kind auf die Welt kommen? Jenseits der sachlichen Antwort gilt hier ganz sicher: Ihr müsst sie mittlerweile früher finden, als es euch vielleicht zunächst in den Sinn kommt. Denn die Geburtsortsuche ist, ähnlich wie die Hebammensuche, aufgrund der schwierigen Versorgungslage in vielen Regionen dringend schon zu einem sehr frühen Zeitpunkt in der Schwangerschaft angesagt.

Im Prinzip stehen vier Möglichkeiten zur Verfügung, den Geburtsort des Kindes außerklinisch oder klinisch zu planen. An allen Orten sind, je nach Vorbereitung, mehr oder weniger identische natürliche Geburtswege möglich, etwa im Wasser eines Gebärpools, in der eigenen Badewanne zu Hause oder in der komfortablen Gebärwanne einer Klinik oder eines Geburtshauses. Das Gebären im Vierfüßlerstand oder im Knien, Liegen oder Hocken auch mithilfe eines Gebärhockers ist nicht wirklich ortsabhängig. Auch der Hals des Vaters als Haltepunkt ist durchaus beliebt – ich und mein Rücken wissen, wovon ich spreche. Gefordert war ich an der Stelle in der Klinik, im Geburtshaus und zu Hause gleichermaßen.

Die außerklinischen Geburten sind mit rund zwei Prozent aller Geburten in Deutschland sehr gering vertreten, der überwiegende Teil der rund 800 000 jährlich geborenen Kinder kommt in einem Krankenhaus zur Welt, obwohl die Kinder und ihre Mütter in aller Regel gesund sind.

Geburt in den eigenen vier Wänden

Die Hausgeburt ist das Gebären am wohl persönlichsten Geburtsort – in den eigenen vier Wänden. In der Regel ist das eigene Zuhause ein Ort, an dem man sich wohl und geborgen fühlt. Dieses Gefühl ist ein wesentlicher Aspekt, der bei der Geburt dafür sorgt, dass sich Frauen ganz auf den Geburtsprozess einlassen können. Äußere Faktoren wie zum Beispiel die Autofahrt zur Klinik oder das Aufnahme-CTG dort können den Geburtsprozess unterbrechen.

Die Hebammen kommen zur Geburt einfach nach Hause und begleiten den Prozess ausgerichtet an den Wünschen der Frau. Es gibt keine Routinemaßnahmen, wie sie in Kliniken in der Regel üblich sind, und insgesamt verlaufen diese Geburten interventionsfrei oder -arm. Das bedeutet aber auch, dass es nur natürliche schmerzlindernde Maßnahmen wie warmes Wasser oder Massagen zur Unterstützung bei der Wehenveratmung und zur Schmerzlinderung gibt.

Eine Peridualanästhesie (PDA) und auch medikamentöse Schmerzmedikationen sind zu Hause nicht möglich. Sollte dies doch unter der Geburt erforderlich werden, wird genau wie bei auftretenden Komplikationen die Geburt in die Klinik verlegt. In der Regel übergibt dort die Hausgeburtshebamme die Betreuung an die Klinikhebammen. Hat die Hausgeburtshebamme auch einen Belegvertrag mit der Klinik, kann sie direkt weiterbetreuen. Da wir eine abgebrochene Hausgeburt mit Hebammenwechsel erlebt haben, war es jetzt beim vierten Kind doch sehr beruhigend zu wissen, dass uns unser Hebammenteam sowohl zu Hause als auch in der Klinik hätte betreuen können.

Voraussetzung für eine Hausgeburt ist ein gesunder Schwangerschaftsverlauf mit nur einem Kind im Bauch, eine regelrechte Lage des Kindes (Kopf nach unten) und ein Geburtszeitraum zwischen der 37+0 bis 42+0 SSW. Bestimmte Grunderkrankungen der Mutter sind ein Ausschlusskriterium. Darüber hinaus ist es wichtig, dass sich die Gebärende wohl und sicher fühlt. Und dieses Sicherheitsgefühl, gut durch die Hausgeburtshebamme begleitet zu sein, sollte auch der werdende Vater mitbringen. Denn Unsicherheit oder Ängste des Partnerskönnen unmittelbar auf den Geburtsverlauf auswirken.

Wissen gibt Sicherheit: Deshalb stellt eurem Hausgeburtsteam auch alle Fragen, die euch in Gedanken an die Geburt durch den Kopf gehen. Die Aufklärung für eine Hausgeburt ist ohnehin recht umfangreich, sodass ihr danach gut im Bilde seid, wie sie abläuft und auch was passiert, wenn Komplikationen auftreten. Meist arbeiten Hausgeburtshebammen im Team. Die betreuende Hebamme ruft im späteren Geburtsverlauf eine zweite Kollegin dazu, sodass es eine aufmerksame 2:1-Betreuung gibt. In der Klinik hingegen ist es möglich, dass eine Hebamme sich gleichzeitig um zwei oder mehr Geburten kümmert. Der Betreuungsschlüssel bei der Hausgeburt ist also fast luxuriös. Und ein bisschen ungerecht, denn eigentlich sollte jede Frau bei der Geburt eine Hebamme an der Seite haben, die sich voll und ganz um sie und ihre Belange kümmern kann.

Das Geburtshaus als Geburtsort

Die Geburtshausgeburt ist eine außerklinische Geburt in einem von Hebammen geleiteten Geburtshaus. Im Geburtshaus finden nicht nur Geburten, sondern auch die Schwangerenvorsorge, Stillberatung und eine Vielzahl von Kursen statt. Werdende Eltern lernen die meist sehr einladend und gemütlich gestalteten Räume schon vorab kennen. In vielen Geburtshäusern arbeiten die Hebammen in Teams und teilen sich so die Rufbereitschaft, die bei einer geplanten außerklinischen Geburt bis zu fünf Wochen gehen kann (ab der 38. SSW bis zum Ende der 42. SSW). Auch alle zuständigen Hebammen lernen die zukünftigen Eltern bereits vor der Geburt kennen.

In den verschiedenen Gebärräumen stehen neben der entspannten Atmosphäre oft eine Vielzahl an Hilfsmitteln zur Geburt zur Verfügung, etwa eine spezielle Geburtsbadewanne oder Seile an Decken oder spezielle Geburtsbetten. Vielleicht liegt das Geburtshaus in der Nähe einer Klinik oder ist (in seltenen Fällen) direkt auf dem Klinikgelände angesiedelt. Geburtshäuser kooperieren mit nahe gelegenen Kliniken, in die im Bedarfsfall die Geburt verlegt wird. Genau wie bei der Hausgeburt werden durch die kontinuierliche 1:1-Betreuung mögliche Komplikationen oder sich verändernde Bedürfnisse der Gebärenden frühzeitig erkannt, sodass Verlegungen in der Regel in Ruhe erfolgen. Die Geburt im Geburtshaus wird in aller Regel ambulant ablaufen, sodass Mutter, Kind und Vater einige Stunden danach wieder gemeinsam zu Hause sind. Die Kosten für eine Geburtshausgeburt werden ebenso wie für die Hausgeburt von den gesetzlichen Krankenkassen und den meisten privaten Krankenversicherern übernommen. Die Kosten für die Rufbereitschaft werden meist nur mit 250 Euro bezuschusst. Diese liegen real je nach Region bei 350 bis 950 Euro. Aufgesplittet auf fünf Wochen Rufbereitschaft und mit dem Wissen, dass freiberufliche Hebammen etliche Tausend Euro für ihre Haftpflichtversicherungen bezahlen, sind diese »Preise« nachvollziehbar. Rückblickend kann ich für uns sagen, dass jeder für Hebammenrufbereitschaften ausgegebene Cent zu den sinnvollsten Investitionen der ganzen Babyausgaben gehörte.

Klinikgeburt mit oder ohne Hebamme

Die von Beleghebammen begleitete Geburt in der Klinik ermöglicht eine persönliche 1:1-Betreuung im Rahmen einer Klinikgeburt. Ein Paar wird in der Regel von der Beleghebamme auch in der Schwangerschaft betreut, sodass man sich kennt und weiß, welche Bedürfnisse vorhanden sind. Außerdem sind sowohl der Frau, dem Vater als auch der Hebamme oder dem Hebammenteam die Örtlichkeiten mit allen Möglichkeiten oder Beschränkungen bekannt.

Die Beleghebamme kann auch den ungeplanten sich aus dem Geburtsverlauf heraus ergebenden Kaiserschnitt ebenso wie einen geplanten Kaiserschnitt begleiten. Sollten also unter der Geburt Probleme auftreten, ist man bei dieser Variante bereits in der Klinik, was kürzere Wege sicherstellt. Manche Beleghebammen betreuen auch zusätzlich Hausgeburten. Das ist natürlich ein optimales Szenario, weil man sich so vielleicht nicht schon in den ersten frühen Schwangerschaftswochen auf einen Geburtsort festlegen muss. Manche Frauen können sich erst später in der Schwangerschaft das eigene Zuhause als Geburtsort vorstellen. Manchmal vereiteln auch bestimmte Situationen wie eine Beckenendlage des Kindes bei Geburtsbeginn die Hausgeburtspläne. In solchen Situationen ist die Hausgeburts- und Beleghebammenkombination natürlich ideal. Die Kosten für die Rufbereitschaftspauschale von Beleghebammen liegt ebenfalls im oben genannten Bereich.

Natürlich ist auch eine Geburt in der Wunschklinik möglich, ohne dass eine Beleghebamme hinzugezogen wird. Bei der Wunschklinik hat man sich im Regelfall trotzdem vorher informiert, wie dort die Geburtshilfe organisiert ist. Und hoffentlich alle wichtigen Fragen geklärt.

Wie viele Geburten finden hier statt und wie groß ist das Hebammenteam – sprich, wie sieht der Betreuungsschlüssel ungefähr aus? Wie hoch ist die Interventionsrate?

Wie hoch die Kaiserschnittquote? Wie häufig finden Dammschnitte statt? Welche Routinemaßnahmen oder hauseigenen Besonderheiten gibt es? Wie sind die Kreißsäle ausgestattet? Wie wird der Geburtsverlauf unterstützt? Wie wird der Partner eingebunden? Welche Optionen der Schmerzlinderung gibt es? Wie wird das Bonding und das Stillen gefördert? Gibt es Familienzimmer, sodass ich als Partner auch nach der Geburt dableiben kann? Wie ausgebucht sind diese?

Alles das lässt sich im Vorfeld im Rahmen von Kreißsaalführungen abklopfen. Das sollte man auch tun. Nicht alle der genannten Punkte sind für jede Familie (gleich) bedeutsam. Aber es spielt schon eine Rolle, sich vorab darüber Gedanken zu machen, was einem wichtig ist.

HINTERGRUND: WAS IST EIN BABYFREUNDLICHES KRANKENHAUS?

Seit 1992 existiert die von der Weltgesundheitsorganisation (WHO) und dem Kinderhilfswerk der Vereinten Nationen (UNICEF) initiierte »Babyfriendly Hospital Initiative« auch in Deutschland. Kliniken können sich nach entsprechender Schulung des geburtshilflich tätigen Personals und der Umsetzung nötiger Standards als »Babyfreundliches Krankenhaus« zertifizieren lassen.

Es geht hier vor allem um den Schutz der Eltern-Kind-Bindung sowie die Entwicklungs- und Stillförderung. Zwischenzeitlich gab es auch die Bezeichnung »Stillfreundliches Krankenhaus«. Seit 2005 heißt es aber wieder einheitlich »Babyfreundliches Krankenhaus«, weil eben alle Babys – ob gestillt oder nicht – und Eltern von den familienfreundlichen und bindungsorientierten Ansätzen in diesen Häusern profitieren. Inzwischen gibt es deutschlandweit über 100 Kliniken – unter www.babyfreundlich.org findet sich eine Liste.

Die Plätze sind begrenzt - rechtzeitig anmelden!

Auch mit der Anmeldung in der Wunschklinik sollte man nicht allzu lange warten und zumindest frühzeitig nach den Modalitäten fragen. Während es in manchen Häusern ausreicht, sich im letzten Schwangerschaftsdrittel anzumelden, muss das in anderen Kliniken schon im ersten Trimester geschehen. Viele Kliniken, vor allem in Großstädten mit mehreren Geburtskliniken, nehmen mittlerweile nur noch eine bestimmte Anzahl von Frauen im Monat an.

Wer keine der obigen Optionen wählt, spielt Klinik-Roulette. Das kann problemlos klappen, aber lässt eine Frau im Regelfall mit den wenigsten Optionen zur Wahl des Geburtsmodus zurück. Um es klar zu sagen: Je weniger im Vorfeld dazu geplant ist, umso eher landet man als Schwangere in der nächstgelegenen beziehungsweise nächsten freien Klinik, die eben nicht unbedingt die Wunschklinik sein muss.

Denn ist der Kreißsaal voll ausgelastet mit bereits angemeldeten Schwangeren, wird man in der Regel weitergeschickt. Das passiert vor allem in Städten mit mehreren Kliniken, die unterschiedlich ausgelastet sind. Eigentlich ist das auch im Sinne der werdenden Eltern, denn voll ist voll. Die Betreuungsqualität und die Sicherheit sinken, je mehr Schwangere gleichzeitig von Hebammen und Ärzten versorgt werden müssen. Für die »an der Kreißsaaltür abgewiesene« Frau ist es aber eine immense Stresssituation. In seltenen Fällen kann es übrigens trotz vorheriger Anmeldung auch mal dazu kommen.

Der geplante Kaiserschnitt

Ein weiteres Geburtsszenario ist die geplante Sectio caesarea, also ein Kaiserschnitt zu einem vorher festgelegten Termin, wenn eine Indikation eine Spontangeburt ausschließt. Geplant werden Kaiserschnitte zum Beispiel beim Vorliegen einer Querlage des Kindes im Bauch oder wenn der Mutterkuchen vor dem

Muttermund liegt. Ebenso werden Geburten aus Beckenend-lage oder Geburten von Mehrlingen häufig als geplante Kaiser-schnitte durchgeführt, obwohl sie auch als vaginale Geburten möglich wären. Nur wenn vor dem geplanten Termin schon We-hen oder ein Blasensprung auftreten, wird der geplante Termin entsprechend vorverlegt. Da ein Kaiserschnitt immer eine große Bauch-OP bedeutet, werden die Mütter im Regelfall ein paar Tage in der Klinik verweilen, gemeinsam mit ihren Babys (und dem Vater, wenn alle eines der raren Familienzimmer ergattern). Zu einem Kaiserschnitt kann es natürlich auch immer ganz un-geplant aus dem Geburtsverlauf heraus kommen – hier spricht man von einer sekundären Sectio (siehe S. 96).

Die ambulante Geburt

Aber gehen wir mal davon aus, dass alles gut läuft. Auch Gebur-ten in der Klinik können dann als ambulante Geburten gehand-habt werden. Es besteht natürlich ebenso die Möglichkeit, die ersten Tage und Nächte im Krankenhaus zu verbringen – oder eben nach wenigen Stunden zusammen mit dem Baby wieder nach Hause zu fahren. Genau wie bei einer Geburtshausgeburt sind die Eltern in aller Regel wenige Stunden nach der Geburt wieder daheim in der gewohnten Wohlfühlumgebung. Natür-lich nur, wenn es Mutter und Kind entsprechend gut geht.

Eine ambulante Geburt ist eine wunderbare Option, wenn man das Wochenbett entspannt und in vertrauter Atmosphäre beginnen möchte – vorausgesetzt, die Mutter ist entsprechend gut um- und versorgt. Genau dabei spielen wir Väter eine zent-rale Rolle (siehe S. 106). Zu Hause sind beide Eltern von Anfang an gemeinsam für das Baby verantwortlich. In der Klinik gibt es Familienzimmer, in denen die Partner mit übernachten können. Aber diese stark nachgefragten Zimmer sind lange nicht immer verfügbar und kosten natürlich extra.

Der Geburtsort sollte vor allen Dingen ein Ort sein, an dem sich die Frau vorstellen kann, sich zu öffnen. Sie muss im Vertrauen auf eine gute Begleitung einfach das tun können, von dem sie denkt, dass es ihr unter der Geburt guttut. Für einige Frauen ist dieser Ort eben das eigene Zuhause. Die meisten suchen sich dafür aber eine Klinik oder manchmal auch ein Geburtshaus aus. Krankenhaus mag erst einmal nicht nach dem gemütlichsten Ort der Welt klingen. Aber es wird auch im Kreißsaalbereich immer mehr versucht, eine gewisse Wohlfühlatmosphäre zu schaffen. Und natürlich kann das Mitbringen von persönlichen Dingen oder der Lieblingsmusik diesen Effekt noch etwas verstärken.

Womit sich eine Schwangere wohlfühlt, ist ohnehin ganz unterschiedlich. Neben den technischen Ausstattungsaspekten, auf die wir Männer so gern achten, ist oft der entscheidende Faktor, wie beide Partner die Menschen vor Ort wahrnehmen. Oft sagen Paare nach dem Infoabend in der Klinik, dass ihnen das Personal einfach sympathisch war – oder eben auch nicht. Jedenfalls haben viele Eltern gute Gründe, warum sie sich den einen oder den anderen Ort für die Geburt aussuchen. Der Ort ist nämlich nicht egal.

ACHT WICHTIGE TIPPS, UM EINE AMBULANTE GEBURT ZU PLANEN

- *Voraussetzung für eine ambulante Geburt ist, dass es Frau und Baby nach der Geburt gut geht. Ist das der Fall, könnt ihr alle gemeinsam etwa drei bis vier Stunden später nach Hause aufbrechen. Dazu muss vor allen Dingen der Kreislauf der Mutter stabil sein. Auch wenn eine PDA zum Einsatz kam, ist eine ambulante Geburt möglich, man muss nur etwas länger warten. Erkundigt euch bei der Anmeldung in der Klinik nach den Modalitäten für eine geplante ambulante Geburt.*

- *In den ersten 48 Stunden muss jemand zu Hause sein – und zwar rund um die Uhr. Falls etwa eine verstärkte Nachblutung auftritt, ist schnelle Unterstützung unerlässlich. Ob du als Mann diese Person bist oder euch jemand anders unterstützt, muss vorab verbindlich geregelt sein.*

- *Wenn es nicht euer erstes Kind ist, sprecht vorab mit dem Geschwisterchen ab, dass Mama sich nach der Geburt ausruhen muss. Die ambulante Geburt ist gerade für kleinere Geschwister ein guter Übergang in das veränderte Familienleben. Mütter mit vielen Kindern sagen allerdings auch, dass ihnen ein paar Tage in der Klinik mehr Exklusivzeit mit dem neuen Baby ermöglichen.*

- *Alle Vorräte sollten in der Schwangerschaft aufgefüllt werden, also haltbare Lebensmittel und Verbrauchsmaterial wie Binden, WC-Papier oder Waschmittel. Man kann auch vorgekochte Gerichte einfrieren. Auch Einkaufslieferdienste kann man, wenn es sie gibt, schon vorab testen.*

- *Gerade bei ambulanten Geburten ist eine Hebamme für die Wochenbettbegleitung noch mal extra wichtig. Sie sollte die Pläne bezüglich der ambulanten Geburt kennen. Sie muss in Rufbereitschaft sein, damit sie euch am Tag der Geburt beziehungsweise spätestens am Tag darauf besuchen kann.*

- *Die erste Untersuchung direkt nach der Geburt macht die Hebamme oder ein Kinderarzt in der Klinik. Die zweite Untersuchung nach der Geburt (U2) muss ein niedergelassener Kinderarzt durchführen. Kümmere dich also vorab darum, zu welchem Kinderarzt du gehen kannst, denn Hausbesuche bietet fast keiner mehr an. Die U2 ist zwischen dem dritten und zehnten Tag nach der Geburt vorgesehen.*
- *Plane den Heimweg mit Baby. Packe entsprechend warme Sachen für das Baby ein. Eine Geburt ist ein bewegendes Ereignis – auch für dich als Vater. Neben der Aufregung kommen bei euch beiden Müdigkeit und Erschöpfung hinzu. Lasst euch lieber von jemandem fahren oder nehmt ein Taxi für den Heimweg. Natürlich braucht ihr eine geeignete Babytransportschale. Probiert vorab aus, wie diese funktioniert.*
- *Geburten sind nicht abschließend planbar. Wenn ihr nach der Geburt merkt, dass ihr noch in der Klinik bleiben wollt, dann hört auf das Bauchgefühl. Umgekehrt gibt es auch Frauen, die ungeplant wenige Stunden nach der Geburt nach Hause gehen. Manchmal gibt es auch medizinische Gründe, weshalb das Klinikpersonal empfiehlt, doch etwas länger zu bleiben. Bleibt flexibel und packt für den Fall der Fälle immer eine kleine Kliniktasche mit ein paar Anziehsachen und Drogerieartikeln.*

So war es bei mir: Vier Kinder, vier Geburtsorte

Jeden Morgen beim Duschen blicke ich auf den Ort, an dem 2017 unsere Tochter geboren wurde – auf den Boden des Badezimmers, auf dem derselbe Badvorleger liegt, auf dem sich auch Anja entschlossen hatte zu gebären, nachdem sie mit heftigen Wehen aus der Badewanne gekommen war. Unsere beiden Hausgeburtshebammen saßen mit im Bad. Und ich an der Tür, Anja in meinen Armen. Es war eng, aber wunderbar.

Geburt im eigenen Zuhause

Das Schöne an Hausgeburten ist, dass man den Geburtsort seiner Kinder täglich sieht – zumindest bis zum nächsten Umzug. Die Babytochter kam im Badezimmer zur Welt. Geplant war eine Hausgeburt, aber ohne konkreten Geburtsort hier in der Wohnung. Der Grund für die Wehenarbeit im Bad war an diesem Tag Anja zufolge vor allem das sonnige Wetter. In allen anderen Räumen war es ihr einfach irgendwie zu hell. Das Bad erschien ihr am dunkelsten und geborgensten. Unser Sohn kam 2012 in derselben Wohnung im Wohnzimmer auf die Welt. Geboren wurde er vor unserem Sofa – auch diesen Ort sehe ich täglich. Es fühlt sich gut an.

Unser Klinikbaby

Aber auch jenseits der Hausgeburtsplätze sind die Geburtsorte der beiden großen Kinder etwas Besonderes. Unsere erste Tochter kam mitten im Sommer in einer kleinen Klinik etwas außerhalb des Berliner Zentrums zur Welt. Die Sonne schien an diesem heißen Sommertag schon morgens ganz früh intensiv in den Kreißsaal hinein, in dem unsere Tochter mit dem Po voran – also in Beckenendlage – als Spontangeburt auf die Welt kam. Geplant war eine Hausgeburt, die die begleitende Hebamme wegen vermuteter Gesichtslage nach einer Nacht voller Wehen abbrach. Die Beckenendlage wurde dann erst im Krankenhaus erkannt.

Die Wassergeburt im Geburtshaus

Auch den Geburtsort unserer zweiten Tochter im heimeligen Geburtshaus sehe ich noch immer deutlich vor mir. Was für ein guter Platz zum Gebären die große Badewanne doch war. Ich saß stundenlang fast direkt unter einer Wärmelampe, was im kühlen März gar nicht so schlecht war.

Wir hatten bei allen vier Kindern das große Glück, von wunderbaren Menschen begleitet worden zu sein, sodass die Geburten alle sehr schöne und positive Erinnerungen sind. Es waren und sind Menschen, über die ich mich immer freue, wenn wir uns begegnen. Und es sind Freunde, die auf unsere Kinder geschaut haben während dieser Geburten, die uns heute noch begleiten.

Das wünsche ich mir als Mann und Vater für alle Familien und Eltern, ganz egal, wo und auf welchem Wege ihre Babys letztendlich zur Welt kommen sollen und dann kommen. Trotz aller Anstrengung oder Sorgen bei manchen Geburtsverläufen sollte der Geburtsort doch ein Platz sein, der möglichst gute Gefühle in einem weckt und an den man gern zurückdenkt.

WELCHE BETREUUNG IST NACH DER GEBURT SINNVOLL?

Die Geburt ist erst der Anfang, heißt es. Und das stimmt, denn auch wenn Schwangerschaft und Geburt erfolgreich gemeistert sind, warten im Wochenbett reichlich neue Herausforderungen auf die frisch gebackenen Eltern. Und egal, wie viele Bücher ihr vorab gelesen und wie viele Kurse ihr besucht habt, es bleiben immer noch genug Fragen und Unsicherheiten übrig.

Die Hebamme fürs Wochenbett

Auch hier ist eine einfühlsame Hebamme eine gute Lösung. Denn sie wird euch im Wochenbett zuhören, Fragen beantworten und euch vor allem immer wieder beruhigen. Als Wochenbett wird die erste Zeit nach der Geburt bezeichnet, in der die Mutter die körperlichen und seelischen Umstellungs- und Heilungsprozesse bewältigt. Die Eltern lernen das Neugeborene, seine Bedürfnisse und seine Persönlichkeit kennen. In den ersten zwölf Wochen nach der Geburt des Kindes hat die Wöchnerin Anspruch auf die Wochenbettbetreuung durch eine Hebamme. In den ersten zehn Tagen kommt die Hebamme meist täglich zu euch nach Hause.

In den folgenden Wochen finden Hausbesuche nach Bedarf statt. Die Hebamme beobachtet den Wochenbettverlauf auf körperlicher und psychischer Ebene, unterstützt beim Stillen und gibt Hilfestellung in Problemsituationen wie etwa der verzögerten Rückbildung der Gebärmutter, bei Wundheilungsstörungen oder auch bei Stillschwierigkeiten. Ebenso begutachtet sie die Entwicklung des Kindes und wiegt es in regelmäßigen Abständen. Darüber hinaus hat sie ein Auge auf das Trinkverhalten, die Nabelheilung sowie alle anderen Anpassungsvorgänge. Eure Hebamme berät zu allen Fragen der Säuglingspflege und zu allem, was für die»neugeborene Familie« von Bedeutung ist: Ernährung, Tragen, Stillen, Bindung oder Schlafen können mögliche Beratungsthemen sein.

Ansprechpartner bis zum Ende der Stillzeit

Bei Bedarf leitet die Hebamme zu einem entsprechenden Facharzt oder Therapeuten weiter. Bis zum Ende der Stillzeit ist die Hebamme auch Ansprechpartnerin bei Stillfragen. Dafür kann sie nach dem Ende der Wochenbettbetreuung acht weitere Hausbesuche oder telefonische Beratungen durchführen. Nicht stillende Mütter können bei Fragen zur Ernährung des Säuglings bis zum Ende des neunten Lebensmonats eine Hebamme konsultieren.

Die Hebamme begleitet euch also im Idealfall eine ganze Weile. Darum solltet ihr euch schon frühzeitig darum kümmern, die zu euch passende Hebamme zu finden. In manchen Großstädten steht jede dritte Frau ohne Hebamme da, obwohl sie gern auf die Hilfe einer Hebamme zurückgegriffen hätte. Wartet also nicht zu lange mit der Suche, die ihr gleich noch auf den Kinderarzt ausdehnen könnt. Denn auch hier sieht es in einigen Regionen eng aus. Das Thema Kitaplatzsuche spare ich an dieser Stelle aus, aber auch hier gibt es Einrichtungen, in denen sich die Eltern schon vor der Geburt anmelden müssen. Aber erst mal eins nach dem anderen …

ZWEITES TRIMESTER:
PHASE DES WOHLBEFINDENS

Das mittlere Trimester dauert von der 14. bis zur 26. Schwangerschaftswoche. In diesem Zeitraum wird die Schwangerschaft auch für dich als Vater sicht- und spürbarer. Der Bauch der Partnerin wölbt sich nun deutlicher. Irgendwann zwischen der 15. und 20. Schwangerschaftswoche spürt deine Partnerin die ersten Kindsbewegungen. Zum Ende des zweiten Trimenons kannst du euer Baby vielleicht auch schon von außen spüren. Auf alle Fälle kann es dich jetzt schon gut hören. Und wenn du oft genug in der Bauchzeit mit ihm sprichst, wird es auch nach der Geburt deine Stimme erkennen und ihr vertrauter Klang dazu beitragen, es zu beruhigen.

Das Baby wächst in diesen Wochen ziemlich rasch weiter und wird zum Ende dieses Trimesters durchschnittlich 35 Zentimeter groß und 750 Gramm schwer sein. Aber Babygröße und auch Babybauchgröße variieren im zweiten und dritten Trimenon nicht unerheblich. Wenn deine Frau sich fragt, ob ihr Bauch zu klein oder zu groß sei, versichere ihr, dass er ganz genau richtig ist. Wahrscheinlich wird es ihr in dieser Phase der Schwangerschaft recht gut gehen, da die anfänglichen Beschwerden wie die Übelkeit sich meist wieder legen. Nach der bleiernen Müdigkeits der Anfangszeit haben viele Schwangere in dieser Phase einen richtigen Energieschub.

Auch deine Kochkünste (oder Kenntnisse der Restaurantszene) werden aber jetzt wahrscheinlich wieder mehr geschätzt. Im ersten Trimenon fällt der Appetit von Schwangeren oft sehr bescheiden und manchmal sehr speziell aus – das wird jetzt wieder anders. Apropos Ernährung: Gesunde Mahlzeiten und tägliche Bewegung tun generell allen Menschen gut, aber bereits in der Schwangerschaft wirken sich diese beiden Faktoren auf das Baby aus. Um die Sache mit der gesunden Ernährung umzusetzen, braucht es zwei Partner. Es ist nicht fair, wenn du jeden Tag mit der Chipstüte auf dem Sofa knusperst, während deine Partnerin Gemüsesticks kaut.

Eine Schwangerschaft ist ohnehin eine gute Phase für beide Partner, um nicht ganz so gesunde Lebensgewohnheiten zu verändern. Beim Thema Essen geht es mehr um die emotionale Unterstützung, wenn auch du dich ausgewogen und gesund ernährst. Rauchen – auch Passivrauchen übrigens – hat ganz unmittelbare Auswirkungen auf die Gesundheit deines Kindes. Langjährige Gewohnheiten beziehungsweise eine Sucht wie das Rauchen zu verändern ist nicht einfach – ich weiß das aus eigener Erfahrung. Aber eine bessere Motivation als die Gesundheit deines ungeborenen Kindes wirst du nie wieder bekommen. Also nutze diese Chance ruhig und hole dir gegebenenfalls Unterstützung wie zum Beispiel durch das Rauchfrei-Programm der BZgA (www.rauchfrei-info.de).

In Sachen Alkohol gilt: Für Schwangere wird die Null-Promille-Grenze ganz klar zum Schutz des Kindes empfohlen. Auch hier macht es deine Solidarität für die Partnerin einfacher, auf das Glas Wein zu verzichten.

Im zweiten Trimester stehen vielleicht auch schon die ersten Vorbereitungen und Anschaffungen für das Baby an. Auch dadurch wird dir wahrscheinlich langsam immer klarer, dass du Vater wirst oder es eigentlich längst schon bist.

IM KAUFRAUSCH: BABYAUSSTATTUNG – WAS BRAUCHT MAN WIRKLICH?

Kinderkriegen und Konsum sind für viele Menschen sehr direkt miteinander verknüpft. Fast immer. Die Schwangerschaften werden von der Industrie rund um Baby- und Kleinkindartikel jeder Art herbeigesehnt, Jahr für Jahr. Denn werdende Eltern sind »leichte Beute«, um es mal etwas flapsig auszudrücken.

Werden Menschen Eltern, ist das einer jener seltenen Momente, in denen Erwachsene empfänglich für Werbebotschaften und Änderungen in ihrem bisherigen Konsumverhalten sind. Denn es öffnet sich eine völlig neue Produktwelt. Und natürlich wollen alle Eltern nur das Beste fürs Kind. Aber braucht man wirklich alles, was einem die Werbung schmackhaft machen will? Natürlich nicht. Es geht mit einem Bruchteil davon – und diese Sachen müssen nicht einmal neu sein.

Am besten erkennen lässt sich die »Problematik« an der Frage: »Kinderwagen oder Tragetuch?«, die gern auf Erstausstattungslisten auftaucht. Dabei gibt es hier absolut keine »richtige« Antwort, ob man nun eines davon oder beides braucht.

Ein Tragetuch oder eine gut sitzende Tragehilfe wie ein Baby-Carrier sind für den Babyalltag immer eine gute Idee. Denn alle Eltern tragen ihre Babys, zwangsläufig. Und in den ersten Monaten sitzen sie nicht entspannt auf den Schultern. Denn ohne Hilfe können sie da noch nicht mal auf dem Boden sitzen. Wer also keine Tragehilfe nutzt, hat das Baby auf dem Arm. Und dadurch im Alltag nie die Hände frei.

So skeptisch gerade Väter gegenüber einem Tragetuch oder einer Babytrage sind, ich kenne keinen, der im Nachhinein nicht davon begeistert war, wie viel leichter das Leben wurde, wenn man das Baby im Tragetuch nah und geborgen bei sich hatte und trotzdem beide Hände frei benutzen konnte.

Auch Kinderwagen sind praktisch und hilfreich – aber dem Tragetuch in so manchen Situationen unterlegen. In der

U-Bahn, in engen Geschäften oder bei größeren Menschenansammlungen verlangsamen sie einen eher. Außerdem muss man sie Treppen rauf- und runterbewegen – und beim Tragen des Kinderwagens sollte das Baby nicht drinsitzen. Es wird also schnell mal kompliziert.

Gute Kinderwagen mit langer Nutzungsdauer sind in der Anschaffung ziemlich teuer geworden, rund 1 000 Euro sind schnell ausgegeben. So manchen Eltern gelten sie als stylisches Statussymbol – und sind gesellschaftlich wohl die Metapher fürs Elternleben, bevor es real begonnen hat. Für jeden Außenstehenden deutlich erkennbar kommen hier Mutter oder Vater angeschoben. Das Baby allerdings braucht einen Kinderwagen tatsächlich weniger, als es von einer guten Babytrage oder einem Tragetuch profitiert. Beides kostet zwar auch schnell mal 100 oder mehr Euro, aber damit nur ein Zehntel eines hippen Kinderwagens. Der Gebrauchtkauf ist hier übrigens für beide Anschaffungen eine sinnvolle Option.

Immer gilt: Je hochwertiger der Kinderwagen ist, umso höher ist auch sein Wiederverkaufswert. Und für Tragen und Tragetücher gibt es mittlerweile einen eigenen Gebrauchtmarkt. So ein Tuch lässt sich aber auch später noch gut zum Höhlenbauen, als Hängematte oder Picknickdecke verwenden. Deine Partnerin wird sich wahrscheinlich eh emotional nicht vom ersten Tragetuch für euer Baby trennen können. Und selbst denkt man als Vater später auch wehmütig beim Anblick des Tuches an die guten alten Tragezeiten. Nämlich dann, wenn man einem Laufrad oder in gebückter Haltung dem Vierjährigen auf dem Fahrrad hinterherrennt.

Sobald das Baby mobiler wird, werden die Tragezeiten kürzer. Dann ist der Umstieg vom Tuch auf eine ruckzuck anlegbare Tragehilfe praktisch, weil man das Kind etliche Male rein- und rausnehmen wird. Im gut sortierten Fachgeschäft oder bei einer Trageberatung kann man verschiedene Modelle ausprobieren und herausfinden, ob man eher der Typ Emeibaby, Ergobaby,

Didyclick oder Buzzidil ist. Und über diese vier persönlichen Empfehlungen hinaus gibt es noch etliche Hersteller mehr – da hilft nur ausprobieren.

DER KLEINE TRAGEBERATER

Die hüftgelenksschonende Anhock-Spreizhaltung des Babys wird von einer vernünftigen Tragetechnik mit Tuch oder einer guten Komforttrage unterstützt. Der Tuch- oder Tragesackteil zwischen den Beinen sollte von Kniekehle zu Kniekehle gehen. Der Po des Babys muss tiefer als die Knie gut »eingebeutelt« sein. Da kleine oder schlanfende Babys ihren Kopf noch nicht selbst halten können, muss die Tragehilfe diesen gut stützen. Der Kopf des Kindes sollte sich auf Kopfkusshöhe des Trägers befinden. Ein zu tief gebundenes Kind ist weder für den Tragenden noch für den Tragling angenehm.

Babys sollten niemals mit Blick nach vorne getragen werden (jaja, auch wenn man das immer wieder in irgendwelchen Zeitschriften sieht). Diese Haltung ist unphysiologisch für die Hüfte und den Rücken des Babys und übt Druck auf seine Geschlechtsteile aus. Auch für den Tragenden ist sie ungemütlich. Aber am ungünstigsten ist, dass das Baby so einer permanenten Reizüberflutung ausgesetzt ist, von der es sich nicht zurückziehen kann. Die Kinder sind zwar in dieser Position scheinbar »ruhig«, aber die Quittung kommt am unruhigen Abend.

Tragetücher gibt es viele

Das Trage-Equipment unterscheidet sich ein wenig. Tragetücher gibt es in lang oder sehr lang für verschiedenste Trageweisen vorne, hinten oder auf der Hüfte. Die etwas kürzere, aber sehr praktische Variante mit zwei Ringen zum Verstellen ist die To-go-Variante unter den Tüchern, weil sie schnell angelegt ist.

Beim Tuch kommt es nicht auf die Farbe oder das Muster, sondern auf die Webtechnik an. Die sorgt dafür, dass das Tuch genug Halt gibt und gleichzeitig so elastisch ist, dass es sich optimal ans Kind anschmiegt und gut binden lässt. Der Stoff sollte aus kontrolliert biologischem Anbau kommen und schadstofffrei gefärbt sein. Denn Tuch und Baby sind in engem Kontakt. Und gern wird vom Baby auf der Tuchkante rumgekaut.

Für Früh- und Neugeborene gibt es auch elastische Tragetücher aus Baumwolle, die besonders weich und in alle Richtungen nachgiebig sind. Dadurch lassen sie sich leicht binden und können auch vorgebunden zum Stillen angelegt werden. Allerdings hängen sie – nicht ganz optimal gebunden – schnell durch. Darum sind sie meist nur bis zu einem Gewicht von rund neun Kilogramm belastbar.

Praktische Alternative: Tragehilfen

Dann gibt es diverse Tragehilfen. Die Fullbuckle (Vollschnallentrage) hat ein weiches tuchartiges Rückenteil (meist aus Tragetuchstoff), einen Bauchgurt und Träger mit Schnallen. Das Rückenteil ist mit Abnähern versehen, damit es sich dem Kind anpasst. Sie sind schnell angelegt, aber die Träger und Schnallen müssen immer auf den Tragenden eingestellt werden. Ich hatte meine eigene Papatrage, mit der immer nur ich getragen habe. Und wenn Anja sie verstellt hat, wurde natürlich gemeckert. Gute Modelle gibt es von Emeibaby, Kokadi und Buzzidil.

Ähnlich vom Prinzip, aber etwas weniger flexibel sind die sogenannten Komforttragen, die etwas starrer im Material des Rückenteils daherkommen. Dadurch, dass die Träger meist oben am Rückenteil befestigt sind, können sich kleine Babys nicht so ankuscheln, wie es ideal wäre. Oft ist auch der Steg – also der Teil zwischen den Beinen des Babys – nicht in der Breite verstellbar. Komforttragen sind praktisch, sehen meist stylisch aus, sind aber aus Babysicht nicht immer die beste Wahl. Deshalb vorher ausprobieren. Die Halfbuckle hat statt der gepolsterten Träger mit Schnallen Träger zum Binden. Sie ist eine Art Hybrid zwischen Tuch und Komforttrage. Gute Modelle gibt's von Didyclick, Tula Halfbuckle oder Bondolino. Darüber hinaus gibt es noch viele Tragen mit abenteuerlichen Namen wie Onbuhimo oder Wrap Conversion. Aber herauszufinden, was das ist, überlasse ich denjenigen, die eine Ausbildung als Trageberater planen.

AUCH SCHIEBEN IST LIEBEN

Wie groß der individuelle Bedarf für einen Kinderwagen ist, merkt eine Familie meist erst nach der Geburt. Was allerdings Fakt ist: Babys kommen nicht als Lieglinge, sondern als Traglinge auf die Welt – also in der Erwartung, von ihren Eltern getragen und mitgenommen zu werden, wenn sich die Eltern fortbewegen. Also schraubt die Erwartungen an den 1 000-Euro-Kinderwagen vielleicht erst mal etwas runter. Für viele Kinder, die sich anfangs nicht gern ablegen lassen, wird der Kinderwagen oft erst im Sitzalter ab acht bis zehn Monaten interessanter.

Die meisten Eltern möchten dennoch einen Kinderwagen anschaffen, am liebsten schon vor der Geburt. Achtet beim Kauf darauf, dass der Wagen auch jenseits der Liegezeit gut nutzbar ist. Der Kinderwagenkauf hat sicher eine hohe emotionale Komponente und auch die Optik ist entscheidend. Aber stellt euch vorab ein paar Fragen, um herauszufinden, welcher Wagen auch funktionell am besten zu euren Anforderungen passt.

Welcher Kinderwagen soll es sein?

Welcher Kinderwagen passend ist, entscheidet am Ende euer Alltag. Ein paar Fragen, die bei der Kaufentscheidung hilfreich sein können:

- Wo sind wir primär mit dem Teil unterwegs? Feld- und Waldwege brauchen robustere Reifen und eine bessere Federung als ein Wagen, der vor allem in der Stadt bewegt wird. Hier punkten kleine und wendige Modelle, die auch in Bus und Bahn noch Platz finden.

- Werden wir den Wagen oft im Auto verstauen? Wenn ja, sollten zum einen die Packmaße möglichst kompakt und zum anderen das Zusammenklappen und der Wiederaufbau möglichst einfach sein. Hier hilft nur ausprobieren – im Einzelhandel oder bei Bekannten, die das gewünschte Modell schon besitzen. Allein aufgrund der Online-Beschreibung lässt sich dieser Punkt nur schwer einschätzen.

- Eine Befestigungsoption für die Babytransportschale ist zwar praktisch, aber verführt auch schnell dazu, dass die Kinder dort länger verweilen als gedacht. Autoschalen sind tatsächlich nur für den Einsatz auf Autofahrten und nicht zur »Daueraufbewahrung« von Babys gedacht.

- Wie lange wird der Wagen im Einsatz sein? Denkt hier über die erste Babyzeit hinaus. Ein guter Kinderwagen lässt sich von der Liegewannenversion zum bequemen Kleinkindwagen umbauen. Hier ist ein wichtiges Kriterium, dass der Sportsitz zum Schiebenden gewandt eingebaut werden kann. Denn gerade für kleinere Kinder ist es wichtig, dass sie beim Schieben das freundliche Gesicht von Mama oder Papa sehen. Das hilft dabei, die etlichen neuen Eindrücke zu verarbeiten und fühlt sich geborgener an. Denn auch schieben ist lieben.

- Wird der Wagen auch euer Einkaufsbegleiter sein? Wenn ja, achtet darauf, dass der Korb unten geräumig und gut erreichbar ist und die erlaubte Zuladung ausreicht.

- Wie groß seid ihr? Dieser Punkt ist sehr entscheidend. Denn ein zu kleiner Wagen trübt schnell den Schiebespaß. Der Schiebegriff sollte höhenverstellbar sein. Auch in Bezug auf die Sitzhöhe gibt es hier eine große Varianz und sogar besonders hoch einstellbare Wagen (zum Beispiel von Stokke). Auch hier gilt: ausprobieren.

- Ein erweiterbares Sonnendach (am besten mit Lichtschutzfaktor 50+) ist wesentlich praktischer und effektiver als Kinderwagen-Sonnenschirme (war ein absoluter Fehlkauf beim ersten Kind).
- Wie und woraus ist der Kinderwagen hergestellt? Informiert euch über mögliche enthaltene Schadstoffe. Darüber hinaus spielen auch Nachhaltigkeitsfaktoren wie die Verwendung von Recyclingmaterialien oder natürlichen Materialien (zum Beispiel bei AngelCab oder Naturkind) eine wichtige Rolle. Sinnvoll ist es auch, wenn sich einzelne Bau- und Ersatzteile leicht austauschen lassen wie bei Bugaboo, weil dies die Langlebigkeit und den Wiederverkaufswert deutlich erhöht. Der Gebrauchtwagenkauf ist auch beim Thema Kinderwagen eine gute Option.

Die Frage lautet: Was brauchen wir wirklich?

Die Fragen zu Tragetuch und Kinderwagen illustrieren gut, wie individuell und emotional aufgeladen viele Entscheidungen beim Kauf der Erstausstattung sind. Dabei braucht man wirklich nicht so viel, um in das Leben als Eltern zu starten. Vieles lässt sich auch einfach improvisieren. Und so einiges ist einfach nicht notwendig. Und manches ist auch wirklich nicht gut! Denn Einwegwickelunterlagen hinterlassen noch größere Müllberge, als es die Wegwerfwindeln ohnehin schon tun. Ein Handtuch auf dem Wickeltisch erfüllt den gleichen Zweck. Dies ist sicherlich nur ein Beispiel und jeder wird andere Dinge als dringend notwendig empfinden.

Aber trotz aller Nestbau-Romantik müssen wir uns als Eltern öfter die Frage stellen:»Brauchen wir das wirklich?« Wir Babyeltern sind einfach eine für die Industrie hochinteressante Kaufgruppe und jeder versucht einem zu erzählen, dass sein Produkt unersetzlich für den Elternalltag sein wird. Und vor allem, dass es für jedes Problem eine käufliche Lösung gibt. Aber meist ist es am Ende das Halten des Kindes und das Aushalten einer Phase (von denen etliche kommen), was wir wirklich tun können. Und wenn die elektrische Federwiege beim Einschlafen hilft, spricht nichts dagegen, sie auch zu nutzen. Aber setze deine Erwartung an die Wundermittel auf dem Babymarkt nicht zu hoch an. Die wirklichen Bedürfnisse des Babys können letztlich allein wir Eltern durch unsere Präsenz erfüllen.

Was ihr beziehungsweise euer Baby wirklich nicht braucht, ist Spielzeug. Denn anfangs benötigt ein Baby noch keines. Und dann entdeckt es erst mal die eigenen Hände und kann an den Haaren der Mutter oder am Kragen deines Pullovers herumnesteln. Und auch über die allerersten Babymonate hinaus haben die meisten Alltagsgegenstände eine wesentlich höhere Anziehungskraft, etwa ein Schlüsselbund oder ein ausgedientes USB-Kabel, als jedes noch so pädagogische Spielzeug. Spielsachen werdet ihr dennoch genug haben, denn irgendwer wird es euch schenken – garantiert.

LANGE WEGE VON A NACH B – IM ALLTAG UND IN DEN FERIEN

Die Transportfrage jenseits von Kinderwagen und Tragetuch plagt einen werdenden Vater so manche Nacht. Wie genau werde ich mich in Zukunft darum kümmern müssen, dass meine Familie von A nach B kommt? Es ist die zweite vom Klischee bediente Vätersache, gleich nach der Ernährerfunktion. Als ob allein der Vater das Auto fahren oder den Zug buchen würde ... aber dennoch bleibt natürlich die Frage bestehen, wie man mit Kind am besten fährt.

Die Familienkutsche

Da das Auto des Deutschen liebstes Kind ist, beschäftigt die Frage des bestmöglichen Autos zum Familientransport gerade die Väter besonders. Wer sich prinzipiell ein Auto leisten kann, ist also schnell bei der Entscheidung angekommen, ob das aktuelle Modell geeignet ist und bleiben darf. Ein zweisitziger Sportwagen eignet sich eher schlecht (echt jetzt!) – da müsste dann schon ein familientauglicher Erstwagen her, wenn der Egoflitzer Teil der neuen Familie bleiben soll. Dieses Problem hatte ich nicht. Das Käfer Cabrio war bereits verkauft und ich hatte direkt zur Geburt des ersten Kindes den alten Wagen meines Opas geschenkt bekommen. Kaum 20 000 Kilometer gelaufen, ein solider Japaner. Wir haben ihn damals gern genommen – und direkt ein paar Monate später wieder verkauft. Keine Klimaanlage war ein absolutes K.-o.-Kriterium. Das lernte ich bei einer Autobahnfahrt mit Vier-Stunden-Stau und mehrfachem Nervenverlust aller Beteiligten schnell.

Wir kauften kurzerhand einen gebrauchten Kombi mit Klimaanlage, der uns dann drei Kinder lang treue Dienste leistete. Aber das Auto allein ist es nicht. Zum Transport gesellten sich im Laufe der Zeit neue Fahrräder plus zweisitzigem Fahrradanhänger (der schnell geklaut wurde) und beim dritten Kind ein Kistenfahrrad. Erst zum vierten Kind verkauften wir den Kombi und investierten in einen gebrauchten Siebensitzer plus große Dachbox. Und wechselten auf ein Kistenfahrrad mit E-Antrieb und vier Kindersitzplätzen.

Wir nehmen heute als sechsköpfige Familie manchmal weniger Zeug mit in den Urlaub oder auf Reisen zu Freunden als noch mit einem Kind oder zwei Kindern. Wenn ich mich heute beim Packen von Opas Limousine für die erste Fahrt zu den Großeltern mit Baby Nummer 1 sehen würde, es gäbe wohl lautes Gelächter über diesen Vater, der ein Reisebett, sechs Taschen mit Anziehsachen für alle Wetterlagen und den kompletten Kinderwagen im Auto verstaut. Und eine deutlich zu große Kiste mit Spielzeug dazwischenquetscht. Das Auto war randvoll. Ich weiß gar nicht, wo wir das Baby noch unterbrachten.

Heute tragen wir uns immer wieder mit dem Gedanken, das nächste Mal kein eigenes Auto mehr zu kaufen, sondern für die Urlaube und in den »Ich brauche eine Karre«-Momenten einfach eines zu mieten. Der Alltag wäre für uns ohne Auto realisierbar. Wir leben mitten in der Großstadt. Alle Wege sind recht bequem ohne Auto machbar. Einen guten Teil der Urlaubsreisen erledigen wir mit der Bahn. Die meisten geschäftlichen Termine sowieso. Und das Auto als Statussymbol hat bei mir schon seit Jahren ausgedient. Kein Interesse dran, ist mir egal. Ich mag Menschen lieber als Dinge oder als solche Menschen, die Dinge mehr mögen als Menschen. Und mein liebstes Kind sind meine vier Kinder.

Sicherheit geht vor

Sobald Kinder Mitfahrer sind, müssen diese allerdings immer maximal sicher transportiert werden. Für die erste Zeit ist eine Babyautoschale unerlässlich. Empfehlenswert sind hier die (noch wenigen) Modelle, in denen das Baby auch wirklich flach liegen kann. Viele Autoschalen bringen das Baby eher in eine halbsitzende, gerundete Form, die gerade auf längeren Strecken nicht optimal ist. Da der Kopf von Babys gerade im Schlaf leicht nach vorne kippt, führt das bei noch nicht komplett ausgebildeter Nackenmuskulatur unter Umständen zu Atemproblemen sowie geringerer Sauerstoffsättigung im Blut.

In Sachen Sicherheit optimieren die Hersteller ständig ihre Sitze mit neuen Features wie Seitenaufprallschutz durch energieabsorbierende Schichten. Manches gehört zum Mindeststandard für Babyautoschalen, anderes geht darüber hinaus. Testberichte sowie die Beratung im Fachhandel sind da aufschlussreich. Wie sinnvoll das Isofix-System ist, in das die Babyschale im Auto zur Befestigung nur eingeklickt wird, wissen alle Eltern zu schätzen, die die Babyschale schon mal vergurten mussten oder noch müssen. Testet den Babyschalen-Einbau auf jeden Fall einmal, bevor es Richtung Klinik oder Geburtshaus geht. Denn zusätzliche Nervosität macht die Sache nicht unbedingt einfacher.

WIE VIEL PLATZ BRAUCHT EIN KIND?

Wenn Menschen zu Eltern werden, stellt sich ihnen häufig die Frage, ob der vorhandene Wohnraum ausreichen wird. Die meisten Eltern wünschen sich ein Kinderzimmer für das Kind (in dem es aber vermutlich erst Jahre später wirklich aktiv unterwegs sein wird und exakt diesen Wunsch auch selbst äußert, so irgendwann mit vier, fünf Jahren). Ja, richtig gelesen. Ihr könnt euch also wirklich entspannen.

Anfangs brauchen Kinder kaum Platz

Aus vielfachem Erleben im Freundeskreis sowie aus Erzählungen von Anja im Kontext der Hebammenbetreuung hat sich gezeigt, dass die Schwangerschaft eher ein ungünstiger Zeitpunkt für

Umgebungswechsel durch einen womöglich hektischen Umzug oder gar einen Hausbau ist. Schwangere profitieren von ihrem vertrauten Umfeld und gewachsenen sozialen Strukturen. Wenn die Wohnsituation ohnehin unerträglich sein sollte, lohnt sich eine Veränderung natürlich immer. Aber werdende Eltern brauchen wegen des Kindes im Bauch sicher nichts zu überstürzen. So ein Kind benötigt gerade anfangs eigentlich kaum Platz. Es ist sowieso am liebsten bei den Eltern auf dem Arm oder in der Trage. Das fertige Einrichten eines Kinderzimmers mit Wickeltisch, Babybettchen, Spielzeug und Co. während der Schwangerschaft ist im Nestbautrieb-Kontext (siehe S. 71) völlig normal, sollte aber auch nicht überbewertet werden. Wer dieses Extrazimmer in der Wohnung oder dem Haus bereits fest eingeplant hat, darf es gern frei gestalten. Aber ebenso problemlos kann man in den ersten Jahren ohne Kinderzimmer leben. Wenn Platz für ein Kinderzimmer zur Verfügung steht, sollte man auf jeden Fall einen extra Schlafplatz für anstrengende Nächte einplanen. So kann man sich mit dem Nichtschlafen abwechseln. Müde Mütter und müde Väter wissen den zweiten Schlafplatz schnell zu schätzen, wenn sie ein paar Mal auf dem unbequemen Sofa geschlafen haben.

In Großstädten ist Kreativität gefragt

Gerade in Großstädten haben nicht wenige Familien derzeit aber gar nicht erst die Option, den Wohnraum so zu erweitern, dass ein Kinderzimmer oder mehrere eingeplant werden können. Bei stetig steigenden Mietpreisen und einem nach der Geburt sinkenden Familieneinkommen ist Umziehen meist keine Option.

Anja und ich sind zu viert in unsere derzeitige Wohnung umgezogen, bereits vor einigen Jahren. Kind Nummer drei war danach schnell unterwegs – und mit diesem Umstand begann die Fragerei aus dem Umfeld: »Wann zieht ihr denn um? Wo geht's denn dann hin? Braucht ihr nicht eine größere Wohnung?

Ihr braucht jetzt aber echt mal eine größere Wohnung, oder?!
Wo wollt ihr denn überhaupt ein Haus finden?«

Nun. Wir sind immer noch hier. Jahre später. Mit vier Kindern. Weil wir nicht wegwollen. Eine größere Wohnung mit ein, zwei Zimmern mehr, die wäre schon schön natürlich. Sie würde aber wohl locker das Doppelte an Miete kosten, eher mehr. Aber es gibt sie sowieso nicht auf dem Markt. Und ehrlich gesagt brauchen wir auch keine. Mit den Jahren, auch bedingt durch die stetige Reduzierung vieler Dinge in der Wohnung, wurde der Platz nicht weniger hier. Und es tummeln sich ohnehin in den meisten Fällen alle Menschen auf gefühlt vier Quadratmetern um uns herum.

Dennoch brauchen wir natürlich Platz und optimieren seit Jahren unseren Wohnraum je nach Bedarf hin und her. Wir haben im großen Wohnzimmer mit professioneller Hilfe eine Hochetage eingebaut, um dort oben unser »Elternbett« zu platzieren. Darunter gibt es einen begehbaren Kleiderschrank, in dem fast alle ihre Anziehsachen untergebracht haben.

Aber keine Sorge, der Platzbedarf mit Kindern steigt langsam, sodass man auch nach der Geburt noch Zeit hat zu überlegen, wie sich vorhandener Wohnraum optimieren lässt.

GEBURTSVORBEREITUNGSKURS: VERGESST DAS KLISCHEE VOM »HECHELKURS«

Geburtsvorbereitungskurse sind auch heute bei Männern noch gern als »Hechelkurse« verschrien. Diese Umschreibung ist, ganz ernsthaft, ein dummes Klischee. Männer können ohne Angst mit der Partnerin zu einem Geburtsvorbereitungskurs für Paare gehen, am besten ohne Vorurteile und mit offenen Ohren. In der Regel findet so ein Kurs an einem Wochenende an zwei Tagen statt. Ihr sitzt gemeinsam mit bis zu zehn anderen Paaren und einer Hebamme in einem Raum und sprecht über den momentan wichtigsten Ausnahmezustand eurer Partnerin (ihre Schwangerschaft) und über den künftig wichtigsten Ausnahmezustand, die Geburt eures Kindes.

Es ist wichtig, gut informiert zu sein

Ein guter Geburtsvorbereitungskurs vermittelt, wie eine Geburt abläuft und was körperlich und mental bei Frau und Baby passiert. Die Frauen erlernen zum Beispiel Atemtechniken oder können Gebärpositionen ausprobieren, um die Geburt zu erleichtern und die Wehenschmerzen zu lindern.

Dazu bereitet der Kurs in Grundzügen auf das Elternsein vor. Auch die Themen Wochenbett und Stillen werden angesprochen, aber der zeitlich vorgegebene Rahmen lässt keine allzu ausführliche Information zu. Um möglichen Stillproblemen vorzubeugen, ist es sinnvoll, sich bereits vor der Geburt über das Thema zu informieren – auch jenseits des Geburtsvorbereitungskurses. Es gibt Stillvorbereitungskurse, in denen auch wir Väter sehr willkommen sind. Auch das Gespräch mit der betreuenden Wochenbetthebamme ist eine gute Vorbereitung und hier lässt sich vielleicht auch manche »dumme Frage« leichter stellen als vor versammelter Mannschaft. Für die Stillvorbereitung ist das zweite Trimester ein guter Zeitpunkt, denn in den Wochen vor dem errechneten Geburtstermin dreht sich meist fast alles um die bevorstehende Geburt selbst. Die Stillvorbereitung betrifft im Kern natürlich erst einmal die Mutter. Aber der Vater spielt eine größere Rolle für den Stillerfolg, als er es denkt (siehe S. 113). Du solltest daher entsprechend gut informiert sein.

Also, geht hin!

Also, noch einmal. Es ist Samstag und Sonntag oder irgendein Abend in der Woche, schon klar. Mit allen nötigen Dingen wie Ausruhen, Bundesliga oder Lieblingssport. Aber tut euch selbst einen Gefallen und geht hin. Es wird euch nicht schaden. Es wird eurer Partnerin unmittelbar helfen. Und es wird die Qualität der Partnerschaft verbessern. Gerade Männer, die zum ersten Mal Vater werden, haben häufig eine falsche Vorstellung davon, mit welchen körperlichen (und seelischen) Veränderungen ihre Partnerin zurechtkommen muss. Einfach deshalb, weil sie selbst körperlich nicht »betroffen« sind. Auch das allgemeine Wissen über den Ablauf einer Geburt ist – den Medien »sei Dank« – oft sehr ungenau.

So war es bei mir: Austausch im Geburtsvorbereitungskurs

Anja hat mich nach dem ersten Kind »genötigt«, in ihren Wochenendkursen den Austausch von Vater zu Vater zu fördern, während die Frauen irgendwas mit Beckenboden gemacht haben – obwohl man den natürlich auch als Mann kennen sollte. Aber egal, bei den Väterkursen haben sich die Väter über ihre Ängste und Sorgen ausgetauscht – in fast allen Fällen übrigens ohne dabei Klischees herunterzurattern. Die Erfahrungen waren für mich durchweg positiv.

Dennoch waren so einige Männer dabei, die den Kurs als solchen für entbehrlich hielten, als sie zum ersten Tag anrückten. Diese Meinung hatte sich spätestens nach dem Männergespräch im Kurs selbst geändert. Denn der Austausch auf Augenhöhe wirkt wirklich nach. Denn je früher Väter Verantwortung für ihre kommende Rolle in der Betreuung und Erziehung von Kindern begreifen, umso eher werden sie diese Rolle auch übernehmen und langfristig sowie dauerhaft zu Vätern, die aktiver Teil des Familienlebens sind.

DRITTES TRIMESTER: PHASE DER ANSTRENGUNG

DIE GEBURT RÜCKT NÄHER

Mit dem dritten Trimester ab der 27. Schwangerschaftswoche beginnt schon der Endspurt. Wie lange das letzte Drittel dauern wird, entscheidet euer Baby. Eine Frühgeburt ausgeschlossen, wird es jetzt also nur noch elf bis maximal 16 Wochen dauern, bis es geboren wird. Das Baby füllt nun die ganze Gebärmutterhöhle aus und der Bauch wächst entsprechend schnell. Zu Beginn der 32. Schwangerschaftswoche sind alle Organe, das Gehirn und das Nervensystem fertig entwickelt, aber das Baby muss noch weiter wachsen und zunehmen.

Im Durchschnitt sind Babys bei der Geburt 50 bis 52 Zentimeter groß und wiegen 3 400 Gramm. Die Bandbreite ist aber wesentlich größer. So ist ein Gewicht von 2 800 bis 4 000 Gramm ebenso normal wie eine Größe von 48 bis 54 Zentimetern. Auf die Größe des Bauches, mögliche Beschwerden in der Schwangerschaft oder den Geburtsverlauf hat dies übrigens kaum Einfluss. Lasst euch also nicht verunsichern, wenn die Babybauch-Spekulanten um die Ecke biegen.

Anstrengend wird diese letzte Phase für die Frau vor allem, weil sich das Baby zunehmend Platz macht. Das kann zu Rückenschmerzen, Sodbrennen, Kreislaufproblemen oder ständigen WC-Gängen führen. Ich glaube, wir Männer können nur erahnen, wie sich das tagtäglich und auch nachts anfühlen mag. Ich habe nach vier miterlebten Schwangerschaften eine Menge Hochachtung vor dieser Leistung des weiblichen Körpers.

Und nichts davon können wir unserer Partnerin abnehmen. Aber wir können als Männer zumindest da sein zum Ausheulen, In-den-Arm-nehmen oder Frustablassen. Und das sollten wir auch. Die eigenen kleinen Wehwehchen oder den blauen Fleck vom Sport macht man in dieser Zeit am besten mit sich selbst aus.

In den letzten Wochen können Senkwehen auftreten, die dafür sorgen, dass das Köpfchen des Babys tiefer ins Becken wandert. Manchmal werden diese irrtümlich mit Geburtswehen verwechselt. Apropos Köpfchen: Meist ist das der Teil, der bei der Geburt vorangeht. Schon in der 31. Schwangerschaftswoche nimmt ein Großteil der Kinder die Schädellage ein. Andere bleiben noch länger mit dem Po nach unten oder sogar quer liegen. Zur Geburt befindet sich aber bei gut 95 Prozent der Babys das Köpfchen unten, sodass dies auch die Lage ist, aus der die meisten Kinder geboren werden.

Auch wenn sich jetzt gedanklich so langsam alles auf die Geburt einstellt, solltet ihr auch einige Vorbereitungen für die Zeit danach treffen. Denn die Geburt ist schließlich erst der Anfang. Jedem Anfang liegt zwar ein Zauber inne, aber der allein reicht nicht für ein entspanntes Wochenbett. Mögen die Vorbereitungen also beginnen.

KIND UND KARRIERE: VÄTER IN ELTERNZEIT

Über das Thema Elternzeit könnte man vermutlich ein eigenes Buch schreiben. Planen sollte man sie in jedem Fall, gemeinsam mit der Partnerin und möglichst abgestimmt auf die Bedürfnisse aller Familienmitglieder. Wie eingangs schon angemerkt, nehmen in Deutschland mittlerweile viele Väter Elternzeit – aber viele Männer trauen sich maximal zwei Monate zu. Das hat diverse Gründe, der zentralste ist wohl die nicht unbegründete Befürchtung, durch die Inanspruchnahme der Elternzeit den

Arbeitgeber irgendwie zu »verärgern« und Nachteile bei der weiteren Karriereplanung in Kauf nehmen zu müssen. Aber diese je nach Lebenssituation berechtigte Angst sollte trotzdem bei der Entscheidung für oder gegen eine väterliche Elternzeit nicht ausschlaggebend sein.

Zeit mit der Familie

Ich war bei den letzten drei Kindern in Elternzeit, zuletzt 2017 für zwölf Monate am Stück. Auch dafür gab es viele kleine Gründe und einen großen: Ich wollte Zeit erleben mit meiner Familie. Es ist ein kostbares Gut, diese Zeit verbringen zu können. Sie kommt niemals wieder. Kein Geld der Welt, keine Karriere kann sie kaufen. Und weniger Geld ist in der Regel dann doch das einzige Problem, was einer langen Elternzeit im Weg steht. Das Elterngeld ersetzt kein volles Gehalt, aber macht doch alles etwas einfacher, als es noch vor Jahren bei unserem ersten Kind der Fall war.

Als damals festangestellter Kulturjournalist in leitender Funktion werde ich also Anfang 2017 zum Vollzeitvater. Warum? Weil es geht und weil ich es will. Es sind »nur« zwölf Monate, in denen ich aber unmittelbar und intensiv daran teilhaben darf, meine Tochter in ihrem ersten Jahr zu begleiten. Und mit ihr auch den Alltag der drei anderen Kids und den meiner Frau. Es ist ein Jahr für die Familie. Ich würde mich, gerade im Rückblick, jederzeit wieder so entscheiden.

Elternzeit-Ängste führen höchstens ins Nichts

Klar, ich habe auf einen Teil meines Einkommens verzichtet. Ich weiß bis heute nicht ganz genau, wie gut oder schlecht mein Chef diese Entscheidung damals fand. Es ist auch egal, denn ich habe mittlerweile dort ohnehin gekündigt und einen neuen Job in Teilzeit angenommen. Auch das hatte etwas mit der Erfahrung während der Elternzeit zu tun. Die Erkenntnis, dass man sich von den oben erwähnten Elternzeit-Ängsten frei machen sollte, sie blieb. Diese Ängste führen ins Nichts.

Natürlich garantieren mir weder zwei noch zwölf Monate Elternzeit, dass ich als Vater später ein tolles Verhältnis zu meinem Kind haben werde. Aber diese Wochen legen einen Grundstein. Je intensiver man sich im ersten Jahr dem Kind und der Familie insgesamt widmet, umso höher ist die Chance auf ein festes Fundament. Es ist eine so wichtige Phase. Je mehr Druck eine Familie rausnehmen kann, umso besser. Wir verzichten für diesen Zeitraum gemeinsam auf Geld und leben auch von Ersparnissen, die nicht in materielle Güter oder in teure Reisen fließen. Dafür gibt's im Gegenzug Zeit und wir schaffen Vertrauen, von dem wir in den kommenden Jahren zehren werden. Das haben wir bei allen Kindern so oder so ähnlich versucht und gemacht. Es hat sich für uns vielfach ausgezahlt.

Mögliche unerwünschte Folgen sind zu bedenken

Elternzeit als Angebot ist sinnvoll und richtig, vor allem für Väter. Wir sind in der glücklichen Lage, diesen Weg gehen zu können – aber auch nur, weil wir ihn gehen wollen. Noch mal deutlich: Für Väter heißt Elternzeit Verzicht auf Einkommen und mögliche Karriereunterbrechungen – und es erfordert Vorplanung auf genau diese Umstände.

Natürlich hatte ich damals auch Respekt davor, wie es nach der Elternzeit beruflich weitergeht. Was wird aus meinem Job? Wie empfängt mich mein Team? Was denkt mein Chef? Wissen kann man es vorher nicht. Und es kann immer anders kommen als geplant. Bei mir ist es sicherlich auch durch individuelle Umstände so, dass mir gemeinsame Zeit mit meiner Frau und meinen Kindern wichtiger ist als die Anhäufung von Besitztümern. Wer den Alltag mit seinen Kindern verbringt, wird das in aller Regel als großes Glück empfinden.

DER LIEBE NESTBAUTRIEB

Pünktlich zum Start des letzten Trimesters setzt bei vielen Schwangeren der Nestbautrieb ein. Habe ich persönlich in unterschiedlicher Ausprägung vier Mal erlebt – und es ist exakt so niedlich, wie es klingt – wenn man die Perspektive wechselt. Kanadische Forscher haben dieses Verhalten wissenschaftlich beschrieben. Ähnlich wie bei Mäusen oder Vögeln verspüren nicht wenige Schwangere einen vorher gänzlich unbekannten und starken inneren Drang, sich in den eigenen vier Wänden ein gemütliches Nest zu bauen.

Der Nestbautrieb führt zu manchmal überfallartig aufkommenden Putz- und Aufräumaktionen, etwas planvoller werden gern noch ausstehende Projekte jedweder Art erledigt. Manchmal natürlich auch vom Mann, gelegentlich nachts oder frühmorgens. Schwangere fühlen sich dann geradezu getrieben von dem inneren Wunsch, klar Schiff zu machen und vorbereitet zu sein auf die Geburt. Auch wenn die rechnerisch noch Wochen entfernt liegt.

Der tierische Nestbautrieb ist also tatsächlich auch nur allzu menschlich. Man sollte ihn als Mann ernst nehmen, aber auch hier nicht den Humor verlieren. Ein paar fehlende Anschaffungen fürs Baby gibt es sicherlich noch, sodass man locker auch gemeinsam am heimischen Nest bauen kann. Wenn auch der Mann den Drang nicht so stark verspürt wie die Schwangere.

Am meisten freut sich die Babyartikelindustrie

Über die Existenz des Nestbautriebs freut sich natürlich am allermeisten die Babyartikelindustrie – und hier wartet für jede Familie das unter Umständen leidvolle Element. Denn gerade in dieser Zeit werden viele Anschaffungen getätigt. Sie sind längst nicht alle sinnvoll, aber in Summe sehr teuer. Es lohnt sich, an dieser Stelle vorsichtig zu versuchen, den ein oder anderen Kauf zumindest zu hinterfragen (siehe S. 153). Am Ende sollte man, wenn es finanziell möglich ist, aber lieber ein Auge zudrücken und wie ich den teuer gekauften »sooo niedlichen« Himmelbettwohnzimmerkinderrumschiebewagen zwei Monate nach der Geburt mit leichten Verlusten als »neu und ungebraucht« wieder verkaufen.

DAS WOCHENBETT VORBEREITEN

Was das Wochenbett, also die Zeit nach der Geburt, ist, kannst du ab S. 104 im Kapitel »Wochenbett« nachlesen. Im Wissen um die Bedeutung dieser ersten wichtigen Tage und Wochen für den Bindungsaufbau, Rückbildung und Erholung, können jetzt noch ein paar ganz konkrete Vorbereitungen getroffen werden, die eine entspannte Wochenbettzeit und damit den Start ins Familienleben begünstigen. Schon während der Schwangerschaft lässt sich einiges vorbereiten, damit ihr euch in den ersten Wochen nach der Geburt ganz auf euer Baby und das Ankommen im Familienleben konzentrieren könnt.

- Sorgt dafür, dass genug gutes Essen im Haus ist. Idealerweise versorgen euch andere Menschen (Familienmitglieder, Freunde oder Nachbarn) nach der Geburt mit frisch gekochten Mahlzeiten. Aber solche Helfer-Netzwerke hat nicht jeder in der Nähe. Also füllt die Vorratsschränke mit haltbaren Grundnahrungsmitteln und auch den Tiefkühlschrank auf. Ihr könnt in den letzten Schwangerschaftswochen großzügiger kochen und entsprechende Portionen für das Wochenbett einfrieren.

- In allen größeren Städten gibt es Einkaufslieferdienste. Testet diese ruhig schon mal vorab und legt euch Einkaufslisten mit all den Nahrungsmitteln an, die ihr regelmäßig einkauft. Füllt auch die Vorräte mit sonstigen Artikeln des täglichen Bedarfs wie Toilettenpapier oder Waschmittel auf, gerade wenn eine Drogerie oder andere Einkaufsmöglichkeiten direkt um die Ecke sind.

- Wer unterstützt euch im Haushalt? Wenn du als Mann Urlaub oder Elternzeit hast, wirst du sicherlich die Hausarbeit übernehmen. Sind dir alle Aufgaben und ihre Umsetzung geläufig, weil bisher bei euch jeder alles gemacht hat? Dann ist alles gut. Oder gibt es Aufgaben, für die du vorab noch eine kleine Einweisung benötigst? Im Wochenbett sollte der Haushalt nicht zu den Aufgaben der Partnerin gehören. Sie hat mit der Regeneration von Schwangerschaft und Geburt, der Rückbildung und vor allem der Milchbildung und dem Stillen mehr als genug zu tun.

- Plant über die Urlaubs- oder Elternzeit von dir hinaus, gerade wenn diese schon im Wochenbett (das sind die ersten sechs bis acht Wochen nach der Geburt) endet. Wenn ihr wenig private Unterstützung habt, lasst euch von Angehörigen und Freunden Geld oder Gutscheine für eine Haushaltshilfe schenken. Unter bestimmten Voraussetzungen übernimmt auch die Krankenkasse die Kosten für eine Mütterpflegerin, die die junge Familie nach der Geburt umsorgt.

- Plant Besuche sinnvoll. Das Ruhe- und Rückzugsbedürfnis nach einer Geburt wird oft unterschätzt. Gerade in den ersten Wochen sollten euch nur Menschen besuchen, die euch guttun und am besten noch sinnvoll unterstützen. Behaltet euch vor, Besuch jederzeit zu verschieben – je nachdem, wie es euch nach der Geburt geht. Redet auf alle Fälle vorab über dieses Thema, weil hier so viele verschiedene Befindlichkeiten aufeinanderprallen können. Unausgesprochenes führt hier schnell zu Tränen im Wochenbett. Ganz wichtig: Es geht hierbei um euch und um eure Bedürfnisse. Versucht also gar nicht erst, es allen recht machen zu wollen.

PAPIERKRIEGER: WICHTIGE
ORGANISATION IM VORFELD

Kommt hierzulande ein Kind auf die Welt, wird auch ein Aktenzeichen geboren. Und noch eins und noch eins. Das ist jedem irgendwie klar und viele würden den Papierkrieg gern ignorieren. Aber wer die ersten Wochen und Monate mit dem Baby genießen will, ohne ellenlange Anträge auszufüllen, der fängt einfach ein bisschen früher an. Es mag trivial klingen, ist aber wichtig.

Der Elterngeldantrag

Der Antrag auf Elterngeld sollte für beide Eltern bereits ausgefüllt werden, nachdem es zu einer Einigung gekommen ist, wer wann wie viele Monate Elterngeld beantragt. Relevant für die Höhe des Elterngeldes ist das Einkommen in den zwölf Monaten vor der Geburt (beziehungsweise vor dem Mutterschutz bei der Partnerin). Auch Verkäufe von Praxen oder Unternehmensanteilen gehören zum Einkommen. Wenn ihr als Vater ab der Geburt in Elternzeit gehen wollt, muss der Antrag dafür schriftlich spätestens sieben Wochen vor dem errechneten Geburtstermin beim Arbeitgeber eingehen. Aber Babys halten sich selten an Termine, also sollte für die Wochen davor oder danach eine flexible Lösung vereinbart werden. Mütter (mit Anspruch auf Mutterschaftsgeld) haben etwas mehr Zeit, da ihre Elternzeit erst nach Ende des Mutterschutzes beginnt. Trotzdem sollte der Antrag in der Woche nach der Geburt zum Arbeitgeber geschickt werden.

Für den Antrag auf Elterngeld braucht ihr die Geburtsurkunde des Kindes, die es natürlich erst gibt, wenn es auf der Welt ist. Aber viele andere Unterlagen wie Gehaltsnachweise kann man schon davor sammeln und das Formular bis auf wenige Details zum Baby vorab ausfüllen.

Die Geburtsurkunde

Die Geburtsurkunde des Babys stellt das zuständige Standesamt am Geburtsort aus. Da muss man selbst hin, allerdings ist es selten so voll wie im Bürgeramt, sodass die Wartezeiten meist überschaubar sind. Um die Geburtsurkunden ausgestellt zu bekommen, benötigt man einen Namen, die Geburtsbescheinigung von der Hebamme oder aus der Klinik, die Geburtsurkunden beider Eltern und die Heiratsurkunde (bei unverheirateten Eltern: die Erklärung über die Anerkennung der Vaterschaft und eventuell die Sorgeerklärung) sowie Personalausweise oder Pässe. Den Ämtergang muss man innerhalb von sieben Tagen nach der Geburt erledigen. Meist meldet das Standesamt das Baby auch automatisch im Einwohnermelderegister an, aber nicht immer. Also sicherheitshalber nachfragen.

Kindergeld beantragen

Für jedes Kind bekommen die Eltern Kindergeld von der Familienkasse oder dem Arbeitsamt. Für den Antrag braucht man die eigenen Steuer-IDs und die des Kindes sowie eine spezielle Geburtsurkunde, die es mit den anderen Kopien der Geburtsurkunden gibt. Die Bearbeitung des Antrages nimmt einige Wochen in Anspruch, gezahlt wird rückwirkend, allerdings höchstens sechs Monate ab Antragstellung. Probleme kann man einfach vermeiden, indem man den Antrag vorab ausfüllt und dann kurz nach der Geburt abschickt.

Weitere Formalitäten

Es gibt noch einige andere Sachen, die sich im Vorfeld klären lassen. Dazu gehört auch die frühzeitige Anmeldung auf Wartelisten – allen voran von Kinderarztpraxen oder Kindergärten. Das mag absurd klingen, aber gerade ein Kindergartenplatz ist in vielen Regionen hart umkämpft. Viele Kindergärten sind daran gewöhnt, dass Schwangere nach Plätzen fragen, also keine falsche Scham.

Wer plant, relativ direkt nach der Geburt zu verreisen, muss einkalkulieren, dass für das Kind ein Reisepass beantragt werden muss, inklusive biometrischem Foto. Wir hatten bei einem Kind einen solchen Fall. Zum Glück reicht ein einigermaßen lässig geschossenes Handyfoto vor neutralem Hintergrund, das ich dann via Fotodrucker ausgedruckt und auf das Format geschnitten habe. Zum Fotografen will man mit einem Baby direkt nach der Geburt nicht gehen.

WARTEN AUFS BABY UND DIE GEBURT

Warten kann unerträglich sein. Im Bürgeramt. Im Stau. Vor dem Lieblingsclub. Aber das alles ist nichts gegen das zermürbende Warten auf ein Baby. Auch hier gilt: Die Schwangere ist meist »härter« davon betroffen, wenn das Warten wirklich an den Nerven zehrt. Mag es in der Mitte der Schwangerschaft noch größtenteils eine vorfreudige Erwartung sein, kommt gegen Ende der Schwangerschaft viel Ungeduld hinzu. Es wird lamentiert, gemeckert, geweint, gestöhnt – und manches davon ist tatsächlich ansteckend und kann auf den Mann »überschwappen«. Selbst wenn ein Paar sonst stets harmonisch unterwegs war: Kurz vor der Geburt liegen die Nerven immer wieder mal blank. Bei Mann und Frau.

Es könnte alles so einfach sein. Wenn man es nur schaffen würde zu akzeptieren, dass es so ist, wie es ist: Das Baby bestimmt den Geburtsbeginn. Alle errechneten Termine, dazu gleich noch mehr, sind graue Theorie. Ein bisschen sind diese Tage oder Wochen vor dem Geburtsbeginn auch ein Ausblick darauf, wie es danach weitergehen wird, nämlich entschleunigter als vorher. Ihr werdet lernen, langsam zu machen und das Tempo zu drosseln. Der kleine Mensch, der gerade noch im Bauch der

Mama sicher mitgetragen wird, ist außerhalb des Bauchs anfangs hilflos ohne euch. Und langsam. Das Warten auf die Geburt des Babys bereitet auf diese Langsamkeit vor. Und auch darauf, einfach nur da zu sein, auch wenn es anstrengend ist. Das Warten zeigt eine Idee davon, wie körperlich erschöpft ihr sein werdet. Es erinnert daran, auch gut für sich selbst zu sorgen. Sich vielleicht jetzt schon abzugrenzen von Menschen, die einem nicht guttun. Pläne von heute auf morgen über Bord zu werfen, weil plötzlich alles ganz anders kommt. Auch wenn Hebammen tasten und messen, Ärzte mittels Ultraschall in den Bauch hineinschauen können, wissen sie vieles nicht ganz präzise. Zum Beispiel nicht, wie lange genau die Schwangerschaft für euer Kind eben sein wird. Auch wenn uns der errechnete Geburtstermin (kurz: ET) und seine exakte Terminierung etwas anderes vorgaukeln.

WAS GENAU SAGT EIGENTLICH DER ET?

Mit dem wirklichen Geburtstag hat der errechnete Termin in aller Regel wenig zu tun. Denn nur rund vier Prozent aller Kinder kommen auch an diesem Tag zur Welt. Die restlichen 96 Prozent machen sich zu irgendeinem anderen Zeitpunkt auf den Weg. Der größte Teil wird drei Wochen zuvor oder zwei Wochen danach geboren. Ungefähr neun Prozent erblicken als Frühgeborene vor diesem Zeitraum das Licht der Welt. Später als zwei Wochen nach dem Termin wird nur ungefähr ein Prozent aller Kinder geboren.

Das hängt damit zusammen, dass spätestens vierzehn Tage nach dem ET die Geburt eingeleitet wird, meist bereits nach zehn Tagen. Manche Kliniken empfehlen eine Einleitung nach sieben oder weniger Tagen. Ob dieses Vorgehen immer sinnvoll ist, lässt sich nicht genau sagen. Die Datenlage ist unklar – sodass selbst bei Hebammen und Ärzten keine Einigkeit herrscht.

Jedes Kind hat seine eigene Zeit im Bauch. Eine Bandbreite von drei Wochen vor und zwei Wochen nach dem ET liegt im Bereich des Normalen. Das sind also 35 Tage, an denen ein Baby ganz regulär kommen könnte. Es können auch 35 Tage sein, an denen sich die Schwangere gestresst fragt, ob das Kind nun endlich kommt. Gerade wenn zuvor irgendwelche oft unbedacht geäußerten Vermutungen kommen.

Wenn Beobachtungen oder Befunde nicht weiter erläutert werden, bleibt bei der Schwangeren schnell das Gefühl zurück, dass das Baby doch jetzt endlich kommen müsste. Und die Ungeduld wächst und wächst. Das drückt auf die Stimmung und wird häufig dafür sorgen, dass auch die Beziehung zwischen Mutter und Vater unter Druck gerät. Hier ist Fingerspitzengefühl angesagt, vor allem verbal. Denn gerade am Ende der Schwangerschaft liegen die Nerven sprichwörtlich blank.

Kinderkriegen bedeutet immer auch ein Stück weit Kontrollverlust. Das beginnt mit der Schwangerschaft und setzt sich mit der Geburt fort. Wir können vieles von dem, was geschieht, nicht kontrollieren. Aber wir können gestalten, wie wir damit umgehen. Die Schwangerschaft bereitet schon darauf vor, sich auf das Baby und sein eigenes Tempo einzulassen. Auf diese Unplanbarkeit, die das Leben mit Kindern nun mal mit sich bringt.

ANGST VOR DER GEBURT, UMS BABY UND DIE PARTNERIN

Eine Geburt ist eines der Ereignisse im Leben, die sich nicht abschließend planen lassen. Man kann und soll natürlich im Vorfeld versuchen, die individuell passenden Rahmenbedingungen herzustellen – so schafft man auf jeden Fall gute Voraussetzungen. Aber wie die Geburt selbst dann genau verläuft, ist nicht planbar. Und genau dieser Umstand macht vielen Menschen unter Umständen ein wenig Angst.

Frauen, die ihr erstes Kind erwarten, haben vielleicht Probleme damit, die Wucht der Wehen einzuschätzen. Und Väter haben vor allen Dingen Respekt und nicht selten auch Angst davor, was ihren Frauen da bevorsteht. Obwohl eine Geburt völlig normal ist und in den wenigsten Fällen mit wirklich gefährlichen Komplikationen gerechnet werden muss, ist da diese subtile Angst davor, dass Frau oder Kind oder beiden etwas passiert. Und diese Angst ist völlig normal. Es ist auf jeden Fall ratsam, diese Gefühle ruhig zu besprechen. In Panik muss niemand verfallen. Ihr seid bei der Geburt in aller Regel nicht allein. Da sind Hebammen, die ihren Job jeden Tag gut machen. Sie stehen euch bei und schauen genau hin, dass Frau und Kind unter der Geburt im Rahmen der vorher bekannten Bedingungen gut betreut sind. Manchmal werdet ihr denken, dass sie vielleicht »nicht genug machen«. Aber gerade dieses interventionsarme Verhalten deutet auf eine normale Geburt hin.

Ihr solltet als Väter vor der Geburt das tun, was auch später während der Geburt gefragt ist: Ruhe bewahren und Ruhe ausstrahlen (siehe S. 85). Eine Frau in den Tagen vor und direkt vor der Geburt braucht einen vertrauten und in sich ruhenden Partner an ihrer Seite. So wird es viel einfacher für sie, sich mental und körperlich voll auf die Geburtsarbeit einzulassen.

WELCHER VATER WILL ICH WERDEN?

Wenn Männer Väter werden, ist es fast immer auch eine Reise zurück in die eigene Vergangenheit. Ich kenne persönlich kaum einen Mann, der nicht im Laufe der Vaterschaft damit konfrontiert wurde, wie sein eigener Vater mit ihm umgegangen ist. Oder sogar heute noch umgeht. Die eigenen Eltern bleiben immer die eigenen Eltern, ob das Verhältnis nun geborgen und gut ist oder seit Jahren Stille herrscht. Es gibt kaum ein Entkommen vor der Auseinandersetzung mit diesem Thema. Und der großen Frage: Was will ich selbst weitergeben als Vater? Welcher Vater will ich werden?

Das Verhältnis zum eigenen Vater

Wenn ein Mann Vater wird, macht er sich darüber wahrscheinlich erst einmal nicht allzu viele tiefe Gedanken. Es wird schon irgendwie laufen. Aber kaum ist das Baby geboren, ändert sich alles – ob man will oder nicht. Erstaunlich plötzlich ist man in der Verantwortung: Da ist dieser kleine Mensch, dessen Vater man nun ist. Das erste große männliche Vorbild.

Ich habe meinen Vater als Wochenend- und Urlaubspapa in Erinnerung, in guter, wohlgemerkt. Wir waren zusammen angeln und Motorboot fahren, damit konnten wir uns immer vergnügen. Dann starb meine Mutter, als ich zehn war. Und alles kippte. Mein Vater heiratete neu, das ging schief. Dann noch mal, was für ihn funktionierte, aber leider nicht für mich. Unsere Wege trennten sich ein Jahr nach der Geburt meiner ersten Tochter, weil er es geschehen ließ. Heute habe ich meinen Frieden damit gemacht. Vielleicht kreuzen sich die Wege wieder. Aber vieles blieb auf der Strecke – auch diese Vorbildsache.

Vorbilder sind wichtig

Als ich Vater wurde, passierte das, familiär betrachtet, allein. Zum Glück hatte ich damals einen Freund, der heute noch einer ist, auch wenn Andi seit einiger Zeit am anderen Ende der Welt lebt mit seiner Familie. Er hatte schon zwei Kinder, als ich Vater wurde. Im Rückblick hat er einfach eine Menge guter Dinge getan, die ich mir abgucken durfte. Im Alltag, im Urlaub, eigentlich immer.

Er hat vieles gemacht, was ich anfangs belächelt habe. Seine Kinder immer viel getragen zum Beispiel, in komischen

Tüchern und eigenartigen Tragen. Später hat er für seine Kids viel Zeug durch die Gegend gekarrt im Auto und unter seinen voll bepackten Armen: Fahrräder, Laufräder, Jutebeutel voller Sandspielzeug. Und er hat Bibliotheken voller Fußball- und Star-Wars-Sammelbilder verwaltet. Er hat es gern gemacht, sich ehrlich mit seinen Kindern und ihren Bedürfnissen beschäftigt. Hat sie durch die Luft geworfen und mit ihnen im Urlaub Schaukeln gebaut. Sie in den Schlaf gekuschelt oder ihr wütendes Schreien ertragen, als er sie im Auto um den Block gefahren hat nachts um zwölf, weil es die einzige Möglichkeit war, das aufgebrachte Kleinkind zu beruhigen. Er hat alle seine vier Kinder immer ernst genommen. Ich sehe mich als Vater heute so manches Mal in diesem Mann.

Hätte es dieses Vätervorbild auf Augenhöhe für mich nicht gegeben, vielleicht wäre ich ein Vater wie mein eigener geworden. Ich hätte viel eher die Arbeit vor das Familienleben gestellt, anstatt zu schauen, wie man nicht zu viel arbeitet und möglichst jeden Tag seine Kinder sieht und ins Bett bringt (jobbedingte Reisen und solche Dinge mal ausgenommen natürlich).

Natürlich ist man immer ein Mensch seiner Zeit und macht alles, so gut man es kann. Aber ich kann leider nicht sagen, dass mein eigener Vater heute wie ein gutes Vätervorbild auf mich wirkt. Eine Sache allerdings hat er wirklich gut gemacht: Er hat mir Freiheiten gelassen, das Leben zu erleben. Manches sicherlich notgedrungen, aber bestimmt nicht alles. Und er hat Vertrauen in mich gehabt. Mein wesentliches Vätervorbild war dennoch der eben erwähnte Freund – und ich habe da wohl einfach Glück gehabt.

Stimmen meine Prioritäten noch?

Vaterschaft bedeutet für jeden Vater im besten Falle vor allem, die richtigen Prioritäten zu setzen. Diese Priorität sollte auf das Kind und seine Bedürfnisse fokussiert sein – nicht auf alle anderen Faktoren darum herum. Kein Mann wird am Ende seines Lebens sagen, er habe viel zu wenig gearbeitet. So einige Männer der Generation, die jetzt am Ende ihres Lebens stehen, sagen allerdings, sie hätten zu wenig Zeit mit ihrer Familie verbracht. Und insbesondere zu wenig Zeit mit ihren Kindern. Wer also am Anfang der Vaterschaft ein festes Fundament schafft für eine gute Vater-Kind-Beziehung, wird davon sein ganzes Leben profitieren. Und seinem Kind ein gutes Vorbild für Menschlichkeit und emotionale Zuneigung mitgeben.

Aber jenseits davon sollte sich jeder Mensch immer fragen, was er mit seinem Leben machen möchte. Denn die Zeit ist relativ kurz, auch wenn einem das nicht immer so vorkommt. Und wer erlebt hat, wie plötzlich Menschen aus dem Leben scheiden können, betrachtet diese Gedanken noch einmal anders. Und wenn es ihn ganz persönlich betrifft, wird es noch einschneidender. Ich hätte Ende 2018 bei einem Fahrradunfall fast mein Leben verloren. Ein Lkw hat mich umgefahren auf der Straße, einfach so. Ich bin zum Glück zur »richtigen« Seite vom Fahrrad gefallen und nicht in den fließenden Verkehr gestürzt. So waren »nur« ein paar Rippen gebrochen und viele Körperteile geprellt. Aber das Erlebnis hat mich als Vater von vier Kindern noch einmal mehr geerdet. In dem Wissen darum, was wirklich zählt.

Das erste Kind stellt das Leben gründlich auf den Kopf

Wer das erste Kind bekommt, wird erleben, wie sich das Leben auf den Kopf stellt. Eltern machen viele Dinge, die sie ohne Kinder wohl kaum tun würden. Und auch wenn es bei mir lange her ist, kann ich mich noch vage daran erinnern, dass auch Anja und ich uns allerlei Dinge vornahmen, die wir als Eltern auf keinen Fall tun wollten. Natürlich hat das in neun von zehn Fällen nicht geklappt, wie bei den meisten Eltern. Aber man braucht einen Plan gegen die Angst vor dem Kontrollverlust.

Ganz tief drinnen ahnen wohl alle mit dem positiven Schwangerschaftstest, dass da etwas ganz Großes auf sie zukommt. Etwas, das wir an vielen Punkten letztlich nicht kontrollieren können. Wir versuchen uns als Paar und individuell bestmöglich vorzubereiten. Manche tun das, indem sie alles planen und anschaffen, was nur geht. Andere wählen den gegenteiligen Weg in der vagen Hoffnung, dass sich nicht allzu viel ändern wird.

Und dann kommt, meist direkt mit der Geburt, der erste richtig große Kontrollverlust. Alle Vorstellungen und Planungen gehen nicht selten über Bord. Frauen und Männer erleben ihre ganz individuelle Grenzerfahrung. Sie erleben, dass ein Körper macht, was er will. Das kann durchaus eine inspirierende Erfahrung sein, aber es macht vielleicht auch Angst.

Und es ist in den allermeisten Fällen nicht leicht, jenes Bild aufrechtzuerhalten, das man sich doch vorher so gut überlegt hatte. Zumindest vor den Freunden ohne Kinder, denen man großspurig erzählt hatte, dass man auf keinen Fall so und so werden wird. Und dann sitzen die starken Frauen da hormonüberflutet und weinen, weil das Stillen und alles andere nicht so wie gewünscht klappt. Die anderen Eltern, die das Ganze schon durchhaben, nicken hoffentlich wissend und versichern, dass alles okay so ist, wie es gerade ist. Und vor allem, dass es wieder besser wird.

Kinder verändern uns. Als Männer, als Frauen, als Paare. Sehr sogar. Viel mehr, als wir es manchmal wollen. Sie sorgen für nicht gekannte Ängste, eine hohe emotionale Labilität und phasenweise auch dafür, dass wir uns selbst vernachlässigen. Aber trotzdem bleiben wir immer noch wir selbst. Doch für dieses Selbst gibt es in der ersten Zeit mit einem Baby deutlich weniger Raum. Genauso wie für Freunde und Freizeit. Doch das sind Phasen, die sich auch wieder ändern. Kinderhaben ist phasenweise Kontrollverlust, manchmal auch ein ziemlich großer. Wie das Leben selbst. Denn nichts ist absolut planbar.

GEBURT

Wo will ich als Mann bei der Geburt sein? Was erwartet meine Frau von mir? Was denken die anderen? Ich plädiere für eine entspannte Herangehensweise. Dabeisein ist nicht immer alles. Ihr müsst ehrlich überlegen, was ihr euch zutraut. Jeder Mann sollte ehrlich genug sein, es seiner Partnerin zu sagen, wenn er sich die Anwesenheit bei der Geburt nicht wirklich zutraut. Dann kann sie im Zweifel auch eine gute Freundin mitnehmen. Oder eine andere Vertrauensperson.

DIE AUFGABEN
DES VATERS

Da kriegt die Frau ein Kind, die Geburt geht los – und was macht der Mann? Nun, früher und in dummen Filmen musste der Erzeuger während der Geburt vor der Tür warten, egal, ob es die eigene im idyllischen Bauernhaus ist oder die vom Geburts- beziehungsweise Krankenhaus. Aber früher und dumme Filme sollte man beim Thema Geburt tunlichst ausklammern aus einem modernen und selbstbestimmten Leben. Heute darf jeder Vater bei der Geburt seiner Kinder mit dabei sein, wenn es für ihn und seine Partnerin passt.

Eine Geburt ist faszinierend und berührend, aber natürlich auch anstrengend und unfassbar intensiv. Man lernt dabei neue Seiten seiner Partnerin kennen, ihre enormen Kräfte, mit denen sie unter der Geburt agiert. Das sorgt für Respekt, schweißt zusammen und das schadet in den kommenden Monaten danach sicherlich nicht. Denn die werden für den Vater im Regelfall anstrengender als sein Anteil an der Geburt.

Natürlich ist eine Geburt ein bisschen blutig, aber es hält sich meistens wirklich in Grenzen. Auch das Gefühl, die eigene Frau in einer ebenso starken wie bedürftigen Situation zu erleben, ist ambivalent. Aber vieles wird von der eigenen Vorfreude auf das Baby überlagert. Man mag sich im Vorfeld viele Szenarien ausgemalt haben, die meisten verlieren unter der Geburt aber völlig an Relevanz.

Was ein Vater unter der Geburt beachten sollte, sind wenige, aber zentral wichtige Punkte. Es gilt, sich zurückzunehmen und voll auf die Bedürfnisse seiner Partnerin einzugehen. Der Mann ist die Schutzperson, der dazu beiträgt, dass das die Wehen fördernde Oxytocin fließt. Manche Frau will viel Zuwendung unter der Geburt, intensive verbale Unterstützung oder entspannende Massagen. Manche Frau will einfach nur, dass ihr Partner in der Nähe ist und ihr durch Anwesenheit Halt gibt. Oder die Partnerin hängt einem während der Wehen sprichwörtlich einfach am Hals. Und das alles kann sich natürlich jederzeit spontan ins völlige Gegenteil drehen. Also: Aufmerksam beobachten und ruhig nachfragen, was gewünscht ist.

So war es bei mir: Hier reden nur die Hebammen!

Wir haben vor allen Geburten darüber geredet, wie ich als Mann dazu beitragen kann, eine Hilfe sein kann. Viele Wünsche kreisten darum, dass Anja wollte, dass ich möglichst offen in der Situation agieren sollte. Was sie eigentlich meinte: Ich solle bitte genau das tun, was sie spontan verlangte. Nun, damit kann ich in der Extremsituation Geburt leben, kein Problem. Auch wenn es mir durchaus schwerfällt, meine Klappe zu halten und einen guten Rat nicht zu geben, habe ich mich dran gehalten. Dachte ich jedenfalls.

Beim vierten Kind erlebten wir gemeinsam eine schnelle Hausgeburt mit tagelangem Prolog. Als dann irgendwann endlich die Wehen kamen, wurde Anja immer wieder ganz schön überrollt. Sie war streckenweise verzweifelt, sodass ihre Wünsche an mich und die Hausgeburtshebammen wechselweise wehenhemmende Medikamente zwecks Verlegung in die Klinik, eine kalte Cola oder eine PDA waren. Gekriegt hat sie nur die Cola.

Ich dagegen bekam als Colalieferant ihre Verzweiflung kurz sehr deutlich zu spüren, als ich ihr irgendwas nett Gemeintes sagte, in dem das Wort »entspannen« vorkam. Anja maulte nur zurück: »Schnauze, hier reden nur Hebammen.« Nun, was soll man da sagen? Besser nix vermutlich ... was ich dann auch mal gemacht habe. Wie nett, dass mir Anja, um ihrem Wunsch Nachdruck zu verleihen, in der nächsten Wehe die Hand zerquetschte. Es tat echt weh. Woher sie nur die Kraft nahm, diese zarte Person? Zum Glück ist mir der bereits erwähnte (und für Eltern dringend erforderliche) Humor auch unter der Geburt nicht abhanden gekommen. Also seufzte ich nur unhörbar, ließ die drei Hebammen reden und wartete auf den nächsten Wunsch …

Wichtig ist, präsent zu sein, ohne ständig zu fragen und den Flow zu stören. Viele Frauen kommen unter der Geburt in einen Rhythmus, den der Partner nicht unterbrechen sollte. Reden kann man kurz in den Wehenpausen, aber primär ist es besser, wenn jeder »einfach nur« macht, ohne viel zu sagen. Wer ständig fragt, ob alles okay ist, was als Nächstes passieren sollte oder was da gerade passiert, wird zum Störfaktor. Also besser still unter der Wärmelampe ausharren und zuschauen, ab und an mal einen feuchten Lappen an die Stirn halten (wenn es gewünscht ist) und einfach da sein. Und bloß nicht den Fußballtrainer geben und jede Aktion beklatschen.

Die medizinischen Aspekte sollte der werdende Vater der Hebamme, dem Arzt und dem restlichen Geburtsteam überlassen. Es gilt natürlich trotzdem, als Vater die Rechte und die Privatsphäre (»Tür zu!«) der Frau zu wahren – und Fragen zu stellen oder Handlungsweisen auch mal infrage zu stellen.

Eine Sache, die beide Eltern vorher absprechen müssen: Soll der Vater bei (seltenen) Komplikationen nach der Geburt oder einem Kaiserschnitt beim Kind oder bei der Frau bleiben? Wie gesagt: Es passiert selten, aber ihr habt es jetzt einmal gelesen.

DAS BABY KOMMT!

Es geht los oder doch nicht?! Ein profaner Punkt zum Geburtsbeginn: Bitte nicht in Panik verfallen! Denn in den allermeisten Fällen bleibt ausreichend Zeit, nach deutlichen Zeichen wie starken Wehen oder einer geplatzten Fruchtblase den gewünschten Ort für die Geburt zu erreichen. In den letzten Wochen rund um den Geburtstermin sollte man als Schwangere ohnehin nicht mehr weit verreisen und auch als Mann den Dienstreisenkalender ausdünnen und irgendwann schließen. Sonst läuft man Gefahr, tatsächlich die Geburt zu verpassen, weil Flieger nicht abheben, Züge ausfallen und Autobahnen verstopft sind. Alles schon passiert, nicht mir zum Glück, aber anderen. Wer gern vermeiden möchte, die Geburt seines Kindes zu verpassen, sollte also halbwegs in der Nähe seiner schwangeren Partnerin bleiben.

WANN GEHT ES LOS?

Also, locker bleiben, jedenfalls so locker es geht, wenn die Geburt startet. Selbst in extremen Situationen bleibt es erst einmal »nur« eine Geburt – also ein physiologisch normaler Vorgang. Der Mann einer befreundeten Hebamme hat bei einem seiner Kinder dessen Geburt als Einziger begleitet, weil die Hebamme etwas zu spät angerufen wurde und sie dann prompt im Berliner Verkehr stecken blieb. Natürlich hat nicht er, sondern seine Frau dieses Baby auf die Welt gebracht. Aber so ganz ohne Hebamme hat es sich für ihn fast so angefühlt.

Der Blasensprung

Vielleicht beginnt die Geburt mit einem Blasensprung – dann ist die Sache klar. Jedenfalls denkt man das, aber nicht jeder Flüssigkeitsabgang lässt sich eindeutig als Fruchtwasser identifizieren. Mithilfe der Hebamme und eines Tests lässt sich herausfinden, was wirklich los ist. Also statt herumzurätseln, am besten einfach nachfragen.

Ob und wann dem dann sicher diagnostizierten Blasensprung auch Wehen folgen, lässt sich leider nicht so verlässlich sagen, wie es in Filmen gern dargestellt wird. Hier kann noch eine ganz schöne Geduldsprobe auf dich und deine Partnerin zukommen. Ich weiß, wovon ich spreche, ich habe bei einem Baby nach dem Blasensprung mit meiner Frau noch lange gewartet.

Dennoch ist eines sicher: Früher oder später wird sich euer Baby auf den Weg machen. Entweder von allein oder mit einem Anschubser von außen, sprich durch eine medikamentöse Geburtseinleitung. Wann und in welcher Form eine Einleitung notwendig sein sollte, sprecht ihr mit den betreuenden Hebammen und Ärzten ab. Hier gibt es zwar auch Leitlinien (die aktuell aber überarbeitet werden), die einen Handlungsrahmen vorgeben. Jenseits davon gibt es aber noch 1 001 individuelle Faktoren, die bei jeder geburtshilflichen Intervention berücksichtigt werden sollten.

Die Wehen setzen ein

Vielleicht geht die Geburt auch direkt mit Wehen los. Und da wird es noch uneindeutiger. Denn gerade beim ersten Kind weiß die werdende Mutter nicht so genau, wie sich geburtsrelevante Wehen anfühlen. Und selbst bei folgenden Kindern kommt es oft zu Fehleinschätzungen.

Immerhin: In der Regel kann man beim ersten Kind davon ausgehen, dass sich die Partnerin früh genug bemerkbar macht, um entspannt den geplanten Geburtsort aufzusuchen oder die

Hausgeburtshebamme anzurufen. Wann der dafür passende Moment ist, entscheidet die wehende Frau und niemand sonst. Du musst dir also keine Wehen-App aufs Smartphone laden. Wehen verhalten sich höchst individuell, auch wenn sich so eine Geburt grob in Phasen aufteilen lässt. Das für die Wehen verantwortliche Hormon Oxytocin reagiert ziemlich sensibel auf Stressfaktoren aller Art. So kann es gut möglich sein, dass die zu Hause schon als recht kräftig und regelmäßig wahrgenommenen Wehen bei Ankunft in der Klinik erst einmal stagnieren. Eine Autofahrt und die zunächst fremde Umgebung können reichen, damit die Geburt erst mal stoppt. Die Bedingungen müssen also stimmen fürs Gebären, es sind die gleichen Hormone am Werk wie beim Sex.

Sollten die Wehen länger stagnieren oder eine Untersuchung ergeben, dass die Geburt noch ganz am Anfang steht, wird man euch vielleicht empfehlen, noch mal nach Hause zu fahren. Was vielleicht zunächst demotivierend klingt, ist in der Regel eine gute Idee. Denn in vertrauter Umgebung kann deine Partnerin besser entspannen als beim Spazieren im Klinikgarten oder beim Schlurfen über Stationsflure. In den Kreißsaal werdet ihr zu diesem frühen Zeitpunkt sowieso noch nicht aufgenommen. Es schmeißt euch zwar niemand raus, wenn ihr zu früh in der Klinik aufschlagt. Aber in der Regel lohnt es sich, auf die Einschätzung einer erfahrenen Hebamme zu hören.

Manche Paare machen sich zwei- oder auch mehrmals auf den Weg in Richtung Klinik, bevor sich die Geburt richtig ankündigt. Das ist kein Problem. Entscheidend ist nicht eine bestimmte Wehenfrequenz, sondern wie gut deine Partnerin damit zurechtkommt und wann das Bedürfnis nach professioneller Begleitung einsetzt. Und damit ist das Bedürfnis deiner Partnerin gemeint – und nicht dein Bedürfnis. Wenn ihr gemeinsam unsicher seid, kann auch ein Anruf im Kreißsaal oder bei der Hebamme Klarheit bringen, bevor ihr zu früh losfahrt.

DER ABLAUF EINER GEBURT

Die Geburt wird in fünf Phasen eingeteilt, die allerdings nicht immer klar voneinander abgetrennt sind. Los geht es mit der Eröffnungsphase beziehungsweise Latenzphase. Der eigentlichen fortschreitenden Muttermundseröffnung durch regelmäßige Wehen geht diese Phase voran. Untersuchungen geben eine sehr unterschiedliche Dauer von einer bis zu 44 Stunden an.

Die Latenzphase

Die Latenzphase ist gekennzeichnet durch unregelmäßige Wehen, die stundenlang oder sogar tageweise stagnieren können. Für die Gebärenden kann eine lange Latenzphase sehr anstrengend sein. Diese Phase ist dennoch wichtig: Sie bereitet sie auf die bald anstehende Geburt und die Geburtsarbeit vor. Die Wehen in der Latenzphase machen das Gewebe weich und geschmeidig, damit sich dann in der aktiven Geburtsphase der Muttermund entsprechend eröffnen kann.

In der Regel ist es sinnvoll, die Latenzphase in der eigenen vertrauten Umgebung zu verbringen. Eine zu frühe Aufnahme in der Geburtsklinik ist meist mit einer höheren Wahrscheinlichkeit für spätere Interventionen verknüpft. Als Vater kann man in dieser frühen Geburtsphase schon mal in Vorbereitung auf die eigentliche Geburt üben, Ruhe zu bewahren und die Partnerin positiv zu bestärken. Und natürlich auch sonst alles zu tun, was ihr in dieser Phase hilft.

Die aktive Eröffnungsphase

Die aktive Eröffnungsphase ist gekennzeichnet von regelmäßigen, deutlich spürbaren Wehen, die sich in der Häufigkeit, Länge und Intensität stetig steigern. Sie führen zur Eröffnung des Muttermundes, der sich zur Geburt auf zehn Zentimeter

Durchmesser weiten muss. Wie lange das dauert? Nun, dafür gibt es keine Regel: bei manchen Frauen 15 Stunden, bei anderen 15 Minuten. Beim ersten Kind wird durchschnittlich mit acht Stunden für diese Phase gerechnet, das ist aber nur Statistik. Deine Aufgaben als Mann bestimmt hier wieder deine Partnerin oder ihr hört auf eure Hebamme.

Zur aktiven Eröffnungsphase gehört die Übergangsphase – das sind die letzten ein, zwei Zentimeter der Muttermundseröffnung. Charakteristisch für diese Phase ist eine große Verzweiflung, ein »Ich kann nicht mehr«-Gefühl der Gebärenden. Hier ruft auf einmal die Hausgeburtsgebärende nach einem sofortigen Kaiserschnitt oder deine Frau kündigt im Kreißsaal an, dass sie jetzt nach Hause gehen möchte. Von verzweifelten Rufen nach der eigenen Mutter bis hin zu »Ich sterbe«-Bekundungen ist alles dabei.

Rückblickend mag das einer gewissen Komik nicht entbehren, kann sich für dich in diesem Moment aber ganz schön beängstigend anfühlen. Während deine Frau von der Intensität der Wehen überwältigt wird, bist du es von der ganzen Situation. Erlaube dir selbst, kurz rauszugehen, wenn du wirklich Panik bekommen solltest. Bleibt die Hebamme trotz fluchender und verzweifelnder Gebärender ganz ruhig, solltest du das auch tun. Diese extreme (und zum Glück recht kurze) Phase kündigt an, dass euer Baby bald da ist.

Die Austrittsphase

Die Austrittsphase ist gekennzeichnet von Presswehen, die das Baby tiefer durch das Becken schieben. Der dadurch entstehende Druck auf den Beckenboden bewirkt bei der Mutter das Bedürfnis zum Mitschieben. Je tiefer das Kind tritt, desto stärker wird dieses Gefühl. Das aktive Mitschieben ist ein weiterer großer Kraftakt, aber dennoch für die meisten Frauen angenehmer, als die letzten heftigen Eröffnungswehen auszuhalten. Beim

Mitschieben hilft die Schwerkraft, weshalb auch der Vater hier noch mal gefragt sein kann, um bestimmte Gebärpositionen zu unterstützen. Wenn du in diesem Moment alles Kurswissen vergessen hast, werden dir deine Frau und die Hebamme deutlich sagen und zeigen, was du zu tun hast. Solltest du nicht aktiv gebraucht werden, ist ein guter Platz neben beziehungsweise am Kopf der Partnerin. Es sei denn, dass ihr andere Absprachen getroffen habt. Besprecht solche Dinge auf jeden Fall vorab.

Wehe für Wehe findet das Baby den Weg auf die Welt. Ist das Köpfchen erst einmal geboren, folgt der restliche Körper meist zügig. Und selbst nach einer vergleichsweise langen Geburt denkt man:»Krass, es ist schon da.« Auch für die Austreibungsphase gibt es eine Durchschnittsdauer von gut 55 Minuten bei Erstgebärenden und knapp 20 Minuten bei Mehrgebärenden. Aber Uhren und Zahlen solltest du während der Geburt ohnehin keine zu große Aufmerksamkeit schenken.

Die Nachgeburtsphase

Erst mit der Geburt der vollständigen Plazenta ist die Geburt wirklich vollendet. Die Nachgeburtsphase kann wenige Minuten, aber auch mal bis zu einer Stunde oder länger dauern. Die Hebammen überwachen und begleiten diese Phase, sodass du hier nicht mehr gefragt bist und dich voll und ganz dem Bewundern eures Babys widmen kannst.

Grenzerfahrung Geburt

Die Geburt ist eine Extremsituation für jede Frau. Sie wird Schmerzen haben – das kann unter Umständen als Mann von außen betrachtet schwer auszuhalten sein. Es kann gefühlt und auch tatsächlich ziemlich lange dauern, bis das Baby geboren wird. Auch das ist bisweilen schwer auszuhalten. Aber vertraut euren Frauen im Umgang mit dem Geburtsschmerz. Und vertraut den Hebammen und den Ärzten, die unter der Geburt anwesend sind. Die begleiten jede Woche zahlreiche Geburten. Sie sind Profis – und handeln auch so.

Ein Geburtsplan kann dabei helfen, sich über die eigenen Wünsche und Vorstellungen klar zu werden. Aber generell ist es gut, wenn man für alles offen bleibt. So kann die zuvor nicht gewünschte PDA (siehe S. 192) unter der Geburt doch eine gute Option sein, weil sie in manchen Situationen vielleicht hilft, einen Kaiserschnitt zu umgehen. Andersherum kann auch der schon zuvor für eine medikamentöse Schmerzlinderung (siehe S. 193) unterschriebene Aufklärungsbogen überflüssig werden.

Die in der Schwangerschaft heiß geliebte und ständig eingeforderte Rückenmassage ist für deine Frau unter Wehen meist ganz unerträglich, wie jede Berührung überhaupt. Auch Pläne für eine Wassergeburt werden gern mal über Bord geworfen oder sie ergibt sich gänzlich ungeplant zufällig. Etliche Dinge werden sich also erst im Verlauf herausstellen. Rechnet mit allem – und natürlich mit dem Besten. Denn am Ende werdet ihr euer Baby im Arm halten.

Trotzdem: Es ist (auch ganz konkret für die kommenden Wochen und Monate) nicht egal, wie ein Kind geboren wird und wie eine Mutter diese Geburt erlebt. Nimm also ihre Vorstellungen vorab genauso ernst wie eine mögliche Enttäuschung, wenn es letztlich anders läuft.

Eine Sache noch, ist ja schließlich 2019. Während der ganzen Geburt sollte man als begleitender Mann versuchen, die mitgebrachte Technik in Form von Smartphones, Foto- und Filmkameras weitgehend auszulassen. Technik lenkt ab, Social Media sowieso. Wer ein Geburtsvideo haben möchte, sollte fragen, ob die zweite Hebamme die Geburt eventuell filmen kann. Oder eine vertraute Person bitten, für diese Situation irgendwie zur Verfügung zu stehen. Es gibt auch sehr einfühlsame Geburtsfotografinnen, die ihr bereits vor der Geburt kennenlernen könnt. Und so abwägen könnt, ob eine weitere (vertraute) Person im

Geburtsraum für euch passend ist. Aber als werdender Vater solltest du wirklich dabei und nicht nur hinter der Kamera sein.

GEBURTSWEGE: WENN ES ANDERS KOMMT

Jeder Geburt geht eine Planung voraus, die absolut sinnvoll ist. Aber – ich wiederhole mich – bei Geburten ist nichts absolut planbar. Dieses Wissen muss man im Hinterkopf haben und schon im Vorfeld zumindest einkalkulieren, dass es immer anders kommen kann. Aus der geplanten Hausgeburt kann ein Kaiserschnitt werden. Aus der Geburtshausgeburt eine Klinikgeburt. Aus der Klinikgeburt eine ungeplante Hausgeburt. Niemand weiß es vorher genau.

So war es bei mir: Von der Hausgeburt in die Klinik

Die Geburt unseres ersten Babys hatten wir als wunderbare Hausgeburt geplant. Alles sollte ganz gemütlich und geborgen in den eigenen vier Wänden stattfinden, mit einer Hausgeburtshebamme an unserer Seite. Als die Geburt losging, war ich in kurzer Zeit vom Büro aus zu Hause. Anja hatte Wehen, wir riefen eine enge Freundin an, auch Hebamme, die sich auf den Weg nach Berlin machte. Immerhin eine Fahrt von drei Stunden für sie.

Anja veratmete Wehe um Wehe, aus dem Nachmittag wurde der Abend. Die Freundin kam an und wurde Teil dieser Geburtserfahrung. Die Nacht kam und ging, der Morgen brachte den Sommersonnenschein, aber kein Kind. Die Geburt stagnierte, alle spürten es. Die Hebamme und die Freundin (auch eine Hebamme) tasteten nach dem Baby und vermuteten eine Gesichtslage. Mir war nicht ganz klar, was das bedeutet. Aber Anja wusste genau, was das heißen würde. Klinik und wahrscheinlich ein Kaiserschnitt – denn wenn ein Kind in der Gesichtslage liegt, ist eine spontane Geburt fast unmöglich.

Ich fuhr mit Anja in die Klinik, am Nachmittag durch die Berliner Rushhour quer durch die Stadt. Übermüdet, aber gepusht durch das Adrenalin, blieb ich relativ ruhig. Nach knapp 40 Minuten waren wir da, hatten uns vorher telefonisch angekündigt. Hebammen und die diensthabende Oberärztin nahmen uns schnell in Empfang. Nach Untersuchungen und Ultraschall dann die Überraschung, die Anja so sehr erleichterte: Beckenendlage. Die zu Hause getastete Wange des Babys war in Wirklichkeit eine Pobacke. Der Po und nicht der Kopf lag unten – und damit war klar, dass eine spontane Geburt noch möglich war. Der Kaiserschnitt war vom Tisch, auch, weil wir in einer Klinik waren, die auf Beckenendlagengeburten spezialisiert ist. Ein glücklicher Zufall! Unsere Tochter kam dann nach einer weiteren Nacht voller Anstrengung und Erschöpfung, voller Änderungen der eigentlichen Pläne spontan aus Beckenendlage gesund und munter zur Welt. Ganz anders als geplant.

In vielen Fällen wird aber der geplante Geburtsweg Bestand haben. Es gibt also keinen Grund, sich unnötig verrückt zu machen. Aber es ist dennoch wichtig, vorbereitet zu sein. Über die möglichen Geburtswege steht im Kapitel »Wo und wie soll das Kind auf die Welt kommen?« (siehe S. 35) bereits alles Wichtige. An dieser Stelle dennoch ein paar Sätze zum ungeplanten Kaiserschnitt – um es als Nichtfachmann besser verorten zu können.

Der ungeplante Kaiserschnitt

Die sekundäre Sectio caesarea ist ein ungeplanter Kaiserschnitt. Dennoch ist nicht jede sekundäre Sectio immer auch gleich ein Notkaiserschnitt. Natürlich ist ein vorher nicht absehbarer Kaiserschnitt immer ein sehr intensives und meist auch beängstigendes Ereignis für die Frau und ihren Partner. Doch in der Regel wird die Entscheidung dafür rechtzeitig und in Ruhe getroffen. Ein echter Notkaiserschnitt hingegen kommt zum Glück nur sehr selten vor und ist eine wirklich dramatische Situation.

Die große Mehrheit der sekundären Kaiserschnitte kündigt sich im Geburtsverlauf an, zum Beispiel wenn dieser über Stunden stagniert. Solange es Mutter und Kind gut geht, bleibt genug Zeit für eine entsprechend ausführliche OP- und Anästhesieaufklärung. Die üblichen OP-Vorbereitungen finden ohne übergroße Eile statt. Zur Betäubung des Operationsgebietes wird eine PDA oder Spinalanästhesie (SPA) gemacht. Die Desinfektion des OP-Areals, also des Bauches mit dem Baby darin, findet dabei »in Ruhe« statt.

Der Not-Kaiserschnitt

Bei der eiligen oder auch dringlichen Sectio finden auch noch all diese Maßnahmen statt. Aber alles läuft entsprechend zügiger ab. Auch die OP-Aufklärung fällt etwas knapper aus. Bei einer Notsectio ist die schnellstmögliche Geburt erforderlich und die sollte in weniger als zehn bis maximal zwanzig Minuten stattfinden. In entsprechend ausgestatteten Krankenhäusern beträgt die EE-Zeit sogar nur fünf bis zehn Minuten.

Die EE-Zeit ist der Zeitraum zwischen dem Entschluss zum Kaiserschnitt der vollständigen Entwicklung des Kindes aus dem Bauch der Mutter. Damit diese kurze Zeit machbar ist, gibt es in den meisten Kliniken einen »Alarmknopf«, mit dem im Notfall alle für die OP erforderlichen Fachleute zusammengerufen werden können. Außerdem gibt es einen festgelegten Ablauf. So weiß jeder genau, was zu tun ist, und Chaos wird vermieden.

Die Frau wird nur minimal darüber aufgeklärt, was nun passiert. Sie erhält umgehend eine Vollnarkose, da so viel schneller mit der OP begonnen werden kann als bei einer regionalen Betäubung. Der Notkaiserschnitt ist eine hochdramatische und für die Eltern in der Regel traumatische Situation. Zum Glück tritt dieser medizinische Notfall nur selten auf. Und wesentlich seltener, als von Eltern berichtet wird. Hier sind wirklich die Gesundheit und das Leben von Mutter oder Kind akut gefährdet.

Diese Situation kann für dich als Vater sehr beängstigend sein. Wichtig ist darum, dass das Erlebte hinterher mit euch besprochen wird. Es ist wichtig zu verstehen, was wann und warum geschehen ist, um es richtig einordnen und verarbeiten zu können. Das gilt natürlich nicht nur für den Notkaiserschnitt, sondern für alle beängstigenden oder traumatischen Geburtssituationen. Auch »normale« ungeplante Kaiserschnitte, die per Definition keine Notkaiserschnitte sind, sind oft belastend und schwer zu verarbeiten für die betroffenen Mütter. Nicht selten übrigens auch für die Väter. Die fühlen sich in dieser Situation meist entsetzlich hilflos. Sie spüren große Angst um Frau und Kind. Es ist gerade bei schweren Geburtsverläufen so wichtig, dass die Eltern alle Entscheidungen unter der Geburt auch nachvollziehen können. Und wenn das während der Geburt selbst nicht möglich ist, müssen zumindest hinterher offene Fragen geklärt und erklärt werden. Ein Nachgespräch muss auf jeden Fall als erster kleiner Schritt zur Verarbeitung des Erlebten erfolgen.

Andere Väter erzählen: Von der Hausgeburt zum Kaiserschnitt

Ich bin Frank, 46 Jahre alt und seit 19 Jahren mit meiner Frau Simone verheiratet. Wir haben vier Kinder. Sowohl meine Frau als auch ich arbeiten selbstständig im Gesundheitswesen. Ich selber bin als klassisches Einzelkind groß geworden und wollte immer fünf bis sechs eigene Kinder haben. Unser Sohn ist 2008 als letztes von vier Kindern geboren worden. Und mit der Geburt dieses Sohnes starb mein Wunsch nach mehr Kindern. Das klingt härter, als ich es jetzt empfinde. Letztendlich war es, aus meiner Sicht, die richtige Konsequenz aus diesem Erlebnis.

Wir erwarteten unser viertes Kind im Februar 2008. Ich ging relativ entspannt in diese Schwangerschaft, hatte meine Frau doch bei den ersten drei Kindern gezeigt, dass sie eine entspannte Schwangere und exzellente Gebärende war, gerade die letzte Geburt

acht Jahre davor lief schnell, unkompliziert, ja geradezu magisch.
Wie schon bei den Schwangerschaften davor wurden wir wieder von
unserer Hebamme begleitet.

Es gab also keinen Grund zur Sorge. Dennoch musste ich fest-
stellen, dass im weiteren Verlauf der Schwangerschaft diese tief ver-
wurzelte Zuversicht immer wieder von unbegründeten Zweifeln
und Ängsten begleitet wurde. Ich ertappte mich ab und zu bei dem
Gedanken »Dreimal Glück gehabt, hoffentlich geht's auch beim
vierten Mal gut...« oder »Was, wenn wir dieses Mal den Bogen
überspannt haben?«. Meiner Frau ging es ähnlich und so machten
wir uns darüber lustig, dass wir nun offensichtlich in dem Alter an-
gekommen sind, wo das normal ist. Früher war ja mehr Lametta ...

Eigentlich hatten wir eine Hausgeburt geplant. Ich hatte mir
um den errechneten Geburtstermin zwei Wochen Urlaub eingeplant.
Doch nichts tat sich. Nachdem der errechnete Termin mittlerweile
14 Tage überschritten war und das Schätzgewicht des Kindes auf
fünf Kilogramm hochwanderte, wurden sowohl unsere Hebamme
wie auch unsere vertraute Gynäkologin ziemlich unruhig. Wir be-
rieten uns und ließen uns überzeugen, die Geburt im nahe gele-
genen Krankenhaus medikamemtös einleiten zu lassen. Die Nacht
vor der Einleitung war fürchterlich. Wir wollten ursprünglich eine
Hausgeburt vor dem heimischen Kamin. Und nun sollte das Kind
»rausgezerrt« werden.

Im Krankenhaus bekam meine Frau den Wehentropf und es
folgten Stunden des Wartens. Die Gänge rauf und runter, den Tropf
vor sich herschiebend. Dann war es endlich so weit und der span-
nende Teil der Geburt begann. Diesmal war da aber nix Magisches,
das sah nach Schwerstarbeit aus. Alle Anwesenden (und es wurden
gefühlt alle zehn Minuten mehr) wirkten angestrengt. Meine Frau
kämpfte wie eine Löwin. Doch nach 14 Stunden lag sie mit ei-
ner Sauerstoffmaske völlig erschöpft auf dem Bett, kreidebleich und
kaum ansprechbar.

Nun hatte ich eindeutig richtige Angst um sie. Es schien jetzt
alles schnell gehen zu müssen. Wir wurden informiert, dass ein Kai-

serschnitt unausweichlich wäre. *Oje, genau das Gegenteil von dem, was wir uns gewünscht hatten! Ab hier lief alles wie in Trance. Viele ernst blickende Menschen platzten in den Geburtssaal. Es wurden einige Tränen vergossen. Schon waren wir im OP. Ich hielt die Hand meiner Frau, vor uns ein großes Tuch gespannt, sodass wir die Geburt unseres Sohnes nicht sehen konnten. Eigenartiges Gefühl. Soweit ich mich erinnern kann, hatte ich unseren Sohn dann irgendwann auf dem Arm, während meine Frau zu Ende operiert wurde. Als wir dann letztendlich im Zimmer auf Station zu dritt allein waren, fühlte es sich an, als wenn wir aus einem Krieg nach Hause gekommen wären.*

Nach einer Woche konnten wir das Krankenhaus verlassen. Alle hatten die Geburt gut überstanden und doch wollte sich die gute Stimmung nicht einstellen. Denn ich kam mit einem neuen Sohn nach Hause, aber auch mit einer Ehefrau, die ich nicht mehr kannte. Sie wurde zusehends trauriger, ohne dass sie einen Grund dafür hätte nennen können. Die folgenden acht Wochen waren echt hart. Ich sprach die Hebamme darauf an, diese zeigte sich aber relativ ratlos und ich wusste auch nicht, wie ich meine Frau unterstützen sollte. In dieser Zeit habe ich eine Vorstellung davon bekommen, was es bedeutet, wenn der Partner aufgrund einer Erkrankung eine Wesensveränderung vollzieht. Grausam!

Zum Glück besserte sich die Situation nach und nach von allein und nach acht Wochen ging es stetig aufwärts. Ich bin meiner Frau unendlich dankbar, dass sie das so geschafft hat. Gleichzeitig wurde mir klar, dass das die letzte Geburt war! Natürlich hätte eine weitere Schwangerschaft wieder glücklicher verlaufen können, doch ich bin mir nicht sicher, ob ich noch einmal einer solchen Belastung gewachsen gewesen wäre. Was ich allen nur empfehlen kann: Fangt früh an, hört nicht nach dem ersten Kind auf und vertraut auf ein gutes Ende.

DAS BABY IST ENDLICH GEBOREN

Es klingt, gerade in den Ohren jener Männer, die noch nicht Vater geworden sind, sicherlich unglaublich kitschig – aber es ist wahr: Zuallererst ist das mit der Geburt des eigenen Kindes einfach mal ein irres Gefühl. Es ist wohl sogar das unglaublichste Gefühl überhaupt, miterleben zu dürfen, wie sein eigenes Kind das Licht der Welt erblickt. Es gibt eigentlich nichts, was einen Menschen emotional mehr bewegt. Keine sportliche Höchstleistung. Kein dicker Deal mit irgendwem über irgendwas. Kein noch so toller Sandstrand in noch so fernen Ländern. Das alles ist wunderbar, keine Frage. Aber sein eigenes Kind bei der Geburt in Empfang zu nehmen, ist einfach einzigartig. Jetzt ist man also wirklich Vater ... und dieses Baby wird einem viele großartige Momente bescheren.

DIE ERSTE BINDUNG ZU MUTTER UND VATER

Wenn das Baby spontan oder per Kaiserschnitt geboren wurde, liegt es nach der Geburt im Regelfall direkt bei der Mutter auf dem Bauch und beide werden in eine wärmende Decke oder ein Handtuch gekuschelt. Das sind wunderbare Augenblicke. Das Baby schreit oder quäkt und macht seinen ersten Atemzug. Damit kommt das Baby in der Welt außerhalb des Mutterleibs an. Manche Babys hört man schon, sobald das Köpfchen geboren ist. Unser viertes Kind meldete sich so, noch nicht ganz geboren, schon zu Wort.

Vom Bauch der Mutter aus bestaunen die Babys die Welt um sich herum, während sie mit dem Atmen beginnen. Nach einer Weile suchen die meisten Babys die Brust der Mutter, um zum ersten Mal zu stillen. Der Geruch führt sie hin, der Saugreiz stimuliert die Milchbildung. Zudem wird die Kontraktion der Gebärmutter für die Geburt der Plazenta angeregt.

Auch der Vater kann das erste Bonding nach der Geburt übernehmen, sollte das aus medizinischen Gründen nötig sein. Ein Mann braucht da keine Berührungsängste zu haben, denn: »Es ist auch dein Kind.« Meine zweite Tochter wurde in der Gebärwanne im Geburtshaus geboren – und Anja verlor dabei etwas mehr Blut als üblich. Also überprüften die Hebammen routinemäßig die Situation, legten einen Zugang und halfen Anja zügig aus der Wanne. Sie legten mir dazu die Kleine auf meine haarige Brust, nachdem ich die Nabelschnur durchtrennt hatte. Und die Kleine lag da, staunte exakt so wie oben beschrieben in die Welt hinaus – und suchte eine Viertelstunde später von Anjas Bauch aus die Muttermilch, die bei mir natürlich kein bisschen zu riechen war. Auch hier gilt: Es läuft runder, wenn man sich dem Tempo des Babys und den Gegebenheiten anpasst.

Ist die Geburt geschafft, wartet gleich die nächste Entscheidung, wenn der Geburtsort nicht die eigene Wohnung ist: In der Klinik bleiben oder nach Hause gehen? Eine ambulante Geburt habt ihr unter Umständen geplant (siehe S. 42) – geht es Mutter und Kind gut, könnt ihr jetzt nach Hause gehen. Ihr solltet für den Heimweg aber am besten jemanden fragen, der euch mit dem Baby abholt, oder ein Taxi nehmen. Fast immer sind Eltern überdreht, erschöpft, ziemlich müde oder alles zusammen – in jedem Fall keine gute Kombination, um mit dem Auto durch den Verkehr nach Hause zu fahren.

Nach der Geburt werden Mutter und Kind ungefähr zwei Stunden im Kreißsaal überwacht. Das Baby wird nach dem ersten Stillen gemessen, gewogen und untersucht. Idealerweise verbringt es die Zeit aber primär bei euch Haut an Haut.

Wer in der Klinik bleibt, sollte versuchen, ein Familienzimmer (siehe S. 42) zu bekommt. Sollte euer Baby außerhalb der regulären Besuchszeiten zur Welt kommen, zum Beispiel nachts, müsstest du jetzt nach Hause fahren. Die wenigsten Väter haben nach diesem Ereignis das Bedürfnis, allein in die leere Wohnung zu gehen und Frau und Kind zurückzulassen.

So war es bei mir: Neue Gefühle angeknipst

Am Sonntagnachmittag wurde unser Baby geboren, bei uns zu Hause im Badezimmer. »Einfach« so. Wir hatten fast zehn Monate Zeit, uns auf diesen Tag einzustellen. Dennoch gibt es einfach keine Vorbereitung auf den Moment, an dem das eigene Baby geboren wird. Für niemanden in der Familie.

Es ist völlig egal, ob es das erste, zweite, dritte oder wie in unserem Fall eben das vierte Kind ist. Wir sind verzückt und verliebt, ohne dass eines der anderen Kinder weniger geliebt werden würde. Alles Sachliche lässt sich vorab organisieren, viele Gegenstände ebenso. Aber dieser magische Moment, wenn das Baby aus dem Bauch in die Welt hineingeboren wird, ist so unbeschreiblich, dass ich mich gar nicht weiter daran versuchen will.

Für mich als Vater ist die Geburt zusätzlich besonders, weil das Baby nun im wahren Sinne des Wortes greifbar geworden ist. Aus einem selbst im runden Bauch der späten Schwangerschaft bisweilen surrealen Wesen ist in wenigen Sekunden ein kompletter Mensch geworden. Natürlich habe ich an der Bauchdecke »gekuschelt« und mich an die Nase treten und boxen lassen, aber es fehlte das Gesicht.

Und natürlich fehlte mir auch dieses innige Gefühl von Anja, dass da unser Baby unter ihrem Herzen heranwächst. Aber genau dieses innige Gefühl ist wie angeknipst. »Mein« Baby ist da und schaut mich etwas zerknautscht an. Ich sehe in diese Augen und bin einfach nur hin und weg. Dieser kleine Mensch weckt Gefühle für sich in mir, die sich so grundgut und richtig anfühlen. Ich bin dankbar und voller Liebe. Wow.

DAS WOCHENBETT

Losgelöst vom Ort ist das Wochenbett eine
körperliche und mentale Berg-und-Talfahrt für
Frauen – und immer auch für uns Väter. Es ist eine
Zeit zwischen Ausnahmezustand und Ankommen.
Es sind so besondere und schützenswerte Tagen.
Sehr emotional, fast immer offen und sehr
ehrlich. Es ist eine sensible Zeit, in der Stress und
unbedacht gesagte Worte vom Partner, der Mutter
oder Schwiegermutter oder anderen Besuchern
viele Probleme machen können. Das Wochenbett
ist aber auch eine Zeit, in der Mütter und Väter über
sich hinauswachsen.

DIE ERSTEN TAGE IN DER KLINIK ODER ZU HAUSE

Das sich der Geburt anschließende Wochenbett beginnt direkt nach der Geburt – und zwar dort, wo das Baby geboren wurde. Bei einer Hausgeburt ist man gleich an jenem Ort, an dem man sich wohl auch die nächsten Wochen primär aufhalten wird. Nach einer Geburtshausgeburt oder einer ambulanten Klinikgeburt geht die neugeborene Familie wenige Stunden später zusammen nach Hause, wenn es Mutter und Kind gut geht. Oder man bleibt in der Klinik, wo in Deutschland die meisten Kinder geboren werden. Ein Großteil der Familien entscheidet sich dafür, ein paar Tage auf der Wochenbettstation zu verbringen. Manchmal gemeinsam im Familienzimmer, häufig sind Mutter und Kind dort aber auch zeitweise und nachts allein. Meist bleiben sie so lange auf der Wochenbettstation, bis die U2 (die zweite Untersuchung des Babys nach der Geburt) möglich ist. Da diese Untersuchung zwischen dem dritten und dem zehnten Lebenstag stattfinden soll, ist der früheste Zeitpunkt dafür also 48 Stunden nach der Geburt.

EIN NEUER LEBENSABSCHNITT BEGINNT

Der Beginn ist aufregend, denn hier startet eine Reise ins Ungewisse. Dieses kleine Baby war so lange im Bauch der Mutter geschützt. Nun ist es auf der Welt – und beansprucht emotional wie organisatorisch einen Großteil der elterlichen Aufmerksamkeit. Wenn man (erstmalig) werdende Eltern fragt, wie lange die Wochenbettzeit dauert, werden häufig Zeiträume von zehn bis vierzehn Tagen genannt. Das ist nicht ganz korrekt, denn tatsächlich dauert das Wochenbett acht Wochen. Viel in Sachen Rückbildung und Milchbildung passiert in den ersten zehn Tagen, aber all diese Prozesse sind nach dieser kurzen Zeit längst nicht abgeschlossen.

Die neue Aufgabe: Hüter der Familie

Der Vater ist in diesen Tagen und Wochen nun vor allem der Organisator der Wochenbetthöhle. Er kümmert sich um alle Dinge, für die man das Haus verlassen muss. Dazu gehören neben dem Einkaufen auch Kochen, Aufräumen und Wäschewaschen. Der Vater erledigt in der ersten Woche die Ämtergänge für Geburtsurkunden und Anmeldungen (siehe S. 74), ebenso wie die Koordination von Besuchen. Besuche und Termine sollten im Wochenbett auf ein Maß reduziert werden, das mit der Erholung und dem Ankommen in Einklang zu bringen ist. Gerade am Entlassungstag sollten keine weiteren Termine anstehen. Aber natürlich dürfen euch Nachbarn oder Freunde jederzeit ein gekochtes Essen vorbeibringen. Für einen ausgiebig langen Babybesuch sind aber gerade die ersten Tage nach der Geburt selten gut geeignet.

Nehmt euch Letzteres zu Herzen, denn Mütter im Wochenbett sind hormongeflutet, offen und verletzlich wie nie wieder im Leben. Diese Offenheit sorgt dafür, dass sie sich ganz auf den kleinen neuen Lieblingsmenschen einlassen können. Gleichzeitig macht sie die junge Mutter aber emotional auch sehr instabil. Also lieber einmal mehr jemanden auf später vertrösten (auch die eigenen Eltern), um der kleinen Familie Zeit zu geben, in diesem neuen Leben anzukommen.

Allerdings muss man einkalkulieren, dass es auch zu einem späteren Zeitpunkt anstrengend sein kann. Denn während sich die ersten Tage für die Mütter und auch für die Väter noch durch eine hormonelle Hochlage meist wie im Rausch anfühlen, schlagen irgendwann nach zwei, drei Wochen zum ersten Mal Müdigkeit und Erschöpfung richtig zu. Gleichzeitig werden nicht wenige Babys zu diesem Zeitpunkt etwas bedürftiger. Gerade ließen sie sich noch überall zum Schlafen ablegen, nun kommen sie auf einmal ausschließlich auf dem mütterlichen Arm zur Ruhe. Die Schreiphasen des Babys nehmen oft bis zur sechsten Lebenswoche ansteigend zu.

Psychische Krisen nach der Geburt

Das Wochenbett ist jene Zeit, in der es häufiger, als man denkt, bei Müttern zu psychischen Erkrankungen kommen kann. Diese als Wochenbettdepression bezeichnete anhaltende Niedergeschlagenheit kann in den ersten zwei Jahren nach einer Geburt auftreten – in unterschiedlicher Ausprägung. Und das nicht nur bei der Mutter. Auch Väter zeigen in dieser Zeit Symptome einer postpartalen Depression. Auch wenn das Thema bei Vätern wenig erforscht ist, kann man davon ausgehen, dass es nicht nur Einzelfälle sind. Bei Vätern erreichen postpartale Stimmungskrisen ihren Höhepunkt meist zwischen dem dritten und sechsten Monat nach der Geburt. Bis zu acht Prozent der Väter sind betroffen. In jedem Fall führt die psychische Erkrankung eines Elternteils zu zahlreichen Problemen im Alltag, in der Partnerschaft sowie in der Beziehung zum Baby.

Babyblues oder Wochenbettdepression?

Bei den Müttern kann der hormonelle Umschwung das Ausbrechen einer Wochenbettdepression fördern. Die darf nicht mit den umgangssprachlich als Heultage oder Babyblues bezeichneten Tagen verwechselt werden, die fast jede zweite Frau im Wochenbett erlebt. Oft beginnt der Babyblues am dritten Wochenbetttag mit größerer Unruhe und Reizbarkeit. Mütter weinen aus dem Nichts heraus, sind überfordert von profanen Aufgaben und alltäglichen Fragen. Das ist hormonell bedingt normal und spätestens nach zwei Wochen sollte das Tief überwunden sein. Um zu helfen, sollte man als Partner in dieser Zeit einmal mehr feinfühlig und empathisch unterwegs sein.

Eine Wochenbettdepression kann aus diesen Heultagen heraus entstehen, aber sie kann auch im ganzen ersten Jahr nach der Geburt auftreten. Das wäre dann eine echte Erkrankung, die eine größtmögliche Entlastung der Mutter zur Heilung erfordert, zusätzlich zu psychotherapeutischen und medikamentösen Maßnahmen. In schweren Fällen kann auch ein Klinikaufenthalt nötig sein. Wer sich nach der Geburt längerfristig Sorgen über seinen eigenen Gemütszustand oder den des Partners macht, sollte Hebamme, Hausarzt oder eine andere vertraute Person ansprechen. Von außen erkennbar ist die postpartale Depression selten, nicht ohne Grund sprechen Experten von der »lächelnden Depression«, die sich hinter einer makellosen Fassade verbirgt. Je schneller interveniert wird, umso weniger schlimm sind die Auswirkungen.

WOCHENBETTDEPRESSION

Bei jungen Müttern und Vätern kann sich im gesamten ersten Lebensjahr des Kindes und manchmal darüber hinaus eine postpartale Depression entwickeln. Sie ist unbedingt behandlungsbedürftig, nimm mögliche Anzeichen daher wirklich ernst. Lies die folgenden zwei Fragen aufmerksam durch, wenn die Antwort auf beide Fragen »ja« lautet, kann das ein deutlicher Hinweis auf das Vorliegen einer Wochenbettdepression sein.

* *Hat deine Partnerin (oder auch du selbst) sich im letzten Monat häufig niedergeschlagen, traurig, bedrückt oder hoffnungslos gefühlt?*

• *Hatte deine Partnerin (oder auch du selbst) im letzten Mo-*
nat deutlich weniger Lust auf Dinge, die sie normalerweise
gern tut oder die ihr Freude machen?
Eine genauere Selbsteinschätzung ermöglicht der Fragebogen
»Edinburgh Postnatal Depression Scale«, der unter www.schat-
ten-und-licht.de zu finden ist. Auch Hebamme, Hausarzt oder
ein psychiatrischer Facharzt helfen weiter. Übrigens: Bei sach-
kundiger Behandlung sind die Heilungschancen sehr gut!

Unentbehrlich im Wochenbett: Unterstützung

Dass so ein Wochenbett acht Wochen dauert, vergessen insbesondere die Menschen rundherum allzu gern. So prasseln nach
der zehntägigen gesellschaftlichen »Schonfrist« allerlei Ideen ein,
die das junge Elternpaar umsetzen soll. Für viele junge Eltern ist
es aber keine gute Idee, im Wochenbett eine Deutschlandreise
zu absolvieren, damit die gesamte Verwandtschaft das Baby bestaunen kann. Auch die längere Beherbergung von Besuch passt
nicht für alle jungen Eltern. Unterstützer brauchen sie aber –
keine Frage.

Das sind allerdings Menschen, die sich mit ihnen freuen und
selbstlos einfach da helfen, wo Hilfe gebraucht wird. Einkaufen,
Essen kochen, Wäsche waschen und andere Erledigungen dürft
ihr in der Wochenbettzeit immer abgeben. Das Baby selbst fühlt
sich fast immer bei Mama und Papa am wohlsten – und beide
geben es ohnehin in der Regel ungern her. Wenn keine Familie
und keine Freunde mit Zeit in der Nähe leben, sollte man über
die Dienste einer Mütterpflegerin nachdenken. Auch eine teilweise durch die Krankenkasse finanzierte Haushaltshilfe kann
sehr entlastend sein.

Aber heißt Wochenbett nun wirklich, dass die Mutter acht
Wochen im Bett liegen muss? Nein, natürlich nicht, aber in den
ersten Tagen und Wochen ist viel Ausruhen angesagt – und das
tatsächlich am besten im Bett. So heilen auch eventuelle Ge-

burtsverletzungen deutlich schneller. Und alle Kaiserschnittmütter müssen sich wirklich klarmachen, dass sie gerade eine große Bauchoperation hinter sich gebracht haben.

So war es bei mir: Den Geburtstag feiern

Auch die Geburt ist ein Geburtstag – und den kann man feiern. Vielleicht stoßt ihr alkoholfrei auf das Baby an? Torte geht im Wochenbett sowieso immer. Oder du bringst deiner Partnerin Blumen oder auch ein Geschenk mit? Volle Punktzahl bekommst du, wenn du den Geburtsbericht aus deiner Sicht aufschreibst, möglichst schnell in den Tagen nach der Geburt. Das habe ich leider nur nach dem ersten Kind hinbekommen. Aber für Anja ist dieser Brief heute wesentlich wertvoller als die damals geschenkte teure Uhr.

Bademanteltage

Die Wochenbettzeit ist also Bademantelzeit – vor allem in den ersten zwei, drei Wochen. Aber auch später kann man entschleunigte Bademanteltage immer wieder einbauen. Anstrengende Nächte müssen halt am Tag kompensiert werden. Auch die Väter profitieren von gelegentlichen Tagschläfchen. Bei Ersteltern ist der Wunsch nach dem ersten Spaziergang oft groß. Wahrscheinlich ahnen sie noch nicht, wie endlos viele Runden sie noch mit Kind durch den Park drehen werden.

Wenn es in der frühen Wochenbettzeit trotzdem unbedingt rausgehen muss, dann anfangs wirklich erst mal nur eine kleine Runde machen und keinen Trip ins Shoppingcenter. Das schont die elterlichen Nerven. Denn eine Überflutung mit zu vielen Reizen wird vom Baby meist in abendlichen Schreiphasen verarbeitet. Und ja, das passiert auch, wenn das Kind den ganzen Ausflug scheinbar verschlafen hat.

HINTERGRUND: ZAUBERTRANK MUTTERMILCH

Die beste Nahrung für Babys und kleine Menschenkinder ist jene, die in den allermeisten Fällen praktischerweise bei der Mutter direkt verfügbar ist: die Muttermilch. Sie ist stets trinkfertig temperiert und wird hygienisch einwandfrei ausgeliefert. Stillen ist umweltfreundlich und spart ganz real Zeit und Geld. In der Muttermilch sind alle vom Kind benötigten Nährstoffe, Vitamine, Mineralstoffe, Spurenelemente sowie die notwendige Flüssigkeitsmenge enthalten. Die vielen Hundert Inhaltsstoffe von Muttermilch haben einen positiven Einfluss auf den Körper des Babys. Sie beeinflussen zum Beispiel die Darmflora positiv. Bestimmte Fettsäuren fördern das Gehirnwachstum. Muttermilch ist ein lebendiges Produkt und beinhaltet zahlreiche Zellen, Enzyme und Proteine, die die Gesundheit und die Entwicklung des Babys positiv beeinflussen und seine Immunabwehr unterstützen. Direkt nach der Geburt und in den ersten Tagen danach heißt die Muttermilch Kolostrum und enthält besonders viele positiv wirkende Abwehrstoffe.

Gestillte Kinder weisen im direkten Vergleich zu nicht gestillten Kindern eine robustere Gesundheit auf. Ganz konkret wurde nachgewiesen, dass Infektionserkrankungen bei gestillten Kindern häufig milder verlaufen. Sie erkranken seltener an den Atemwegen und im Magen-Darm-Trakt sowie weniger an Mittelohrentzündungen. Stillen, selbst teilweise, reduziert deutlich das Risiko für den plötzlichen Kindstod (SIDS). Das Risiko, im späteren Leben übergewichtig zu werden oder an Diabetes mellitus zu erkranken, ist bei Stillkindern signifikant geringer als bei Babys, die allein künstliche Säuglingsnahrung bekommen.

Das Stillen kommt aber nicht nur dem Baby zugute, sondern auch die Mutter profitiert gesundheitlich davon. Nach der Geburt wird die Rückbildung gefördert. Beim Stillen ausgeschüttete Hormone regen die Gebärmutter zum Zusammenziehen an und der Blutverlust reduziert sich. Langfristig senkt Stillen das Risiko der Mutter, im späteren Leben an Brustkrebs, Eierstockkrebs oder Diabetes Typ 2 zu erkranken. Auch in Bezug auf kardiovaskuläre und andere Erkrankungen scheint das Stillen einen vorbeugenden Effekt zu haben.

Jenseits von direkten positiven Auswirkungen auf die Gesundheit gibt das Stillen dem Baby Nähe, Wärme, Geborgenheit und Ruhe. Das Saugen an der Brust entspannt das Baby, die dabei ausgeschütteten Hormone wiederum entspannen die Mutter. Stillen unterstützt den Bindungsaufbau zwischen Mutter und Kind. Aber keine Sorge um deine Beziehung zum Kind – die Bindung lässt sich natürlich auch auf andere Art und Weise vertiefen (siehe S. 114).

BABYS ERNÄHRUNG NACH DER GEBURT

Im Bauch wurde das Baby über die Nabelschnur gut mit Nährstoffen versorgt. Doch wie geht es nach dem Abnabeln weiter? Welche Nahrung braucht ein Baby zum Wachsen? Die Antwort ist einfach: Das Baby trinkt Muttermilch. Davon ernähren sich Babys schon seit jeher. Babys stillen an der Brust ihrer Mutter, im Idealfall rund ein halbes Jahr ausschließlich und danach mit ergänzender Beikost einfach weiter. Denn Muttermilch hat auch jenseits der ersten Monate und über den ersten Geburtstag hinaus eine gesundheitlich relevante Bedeutung. Sie enthält nicht nur alle wichtigen Nährstoffe, sondern auch jede Menge Stoffe, die die Entwicklung und die Gesundheit des Babys optimal fördern und sein Immunsystem stärken. Nicht zu vergessen die praktischen Aspekte der Ernährung mit Muttermilch: Stillen vereinfacht das komplexer werdende Leben mit Kind doch erheblich. Denn Muttermilch hat zumindest die Mutter immer dabei, sodass nichts mitgeschleppt oder vorbereitet werden muss, wenn das Baby unterwegs oder zu Hause hungrig wird.

Und auch nachts muss keiner aufstehen, um ein Fläschchen Milch für das hungrige Baby anzurühren.

Stillprobleme lösen

Aber so simpel das mit dem Stillen vielleicht klingt, so einfach ist es nicht unbedingt. Nicht wenige Frauen bekommen nach der Geburt Stillschwierigkeiten. Die können in der Regel durch eine kompetente Betreuung und professionelle Anleitung gemildert oder ganz behoben werden. Das setzt genug und gut ausgebildetes Personal im Krankenhaus und außerhalb voraus. Und da hapert es schon oft. Im Idealfall seid ihr also vor der Geburt schon gut informiert und habt ein Netzwerk aus Helfern bei möglichen Stillproblemen.

Warum Stillen auch für Väter toll ist

Wichtig ist für ein erfolgreiches Stillen, dass beide Elternteile über ihre Vorstellungen sprechen, um etwaige Problembereiche im Vorfeld zu identifizieren. Gerade Männer haben manchmal uninformierte Ideen über das Stillen. In der Gesellschaft etwa ist die weibliche Brust bis heute stark sexualisiert, was durchaus immer wieder dazu führt, dass Väter eine Art Neid auf das Baby entwickeln können, weil es die Brust nun »ganz allein für sich hat«. Es ist wichtig zu verstehen, dass die sexualisierte Ebene beim Stillen keine Rolle spielt. Es ist nur ein Beispiel für viele kleine Missverständnisse rund ums Stillen, die sich aufbauschen können, wenn man in der Partnerschaft nicht drüber redet.

Väter profitieren davon, wenn Mütter ihre Kinder stillen. Es klingt patriarchalischer, als es gemeint ist, aber wenn die Stillbeziehung zwischen Mutter und Kind rundläuft, müssen Väter nachts nicht aufstehen, um Fläschchen vorzubereiten oder stundenlang ein unruhiges Kind durch die Wohnung zu tragen. Das Baby kann, wenn es im Nahbereich der Mutter schläft, einfach beim ersten hungrigen Glucksen gestillt werden, ohne dass es wirklich vor Hunger wach wird. Im Idealfall kann die Mutter dabei weiterdösen und der Vater weiterschlafen. Zumindest, wenn die nächtliche Wickelzeit vorüber ist, die natürlich nicht von der Mutter allein gestemmt werden sollte. Geteilter Schlafmangel ist halber Schlafmangel. Aber sobald die Muttermilchstuhlfrequenz etwas abnimmt, kann man als Vater eines Stillbabys fast wieder durchschlafen.

Die als Vater nachts erschlafene Energie sollte übrigens dem Familienleben zugutekommen. Dafür solltest du zum Beispiel morgens aufstehen und andere Missionen beziehungsweise das wache spielbereite Baby übernehmen. In Nächten, in denen das Stillen allein nicht reicht, um ein Baby zu beruhigen, wirst du auch phasenweise nachts wieder mehr gefragt sein. Aber generell kann ich mich trotz frühen Aufstehens seit 14 Jahren nicht über zu wenig Nachtschlaf beklagen – dem Stillen und vor allem Anja sei Dank.

Wenn nicht gestillt wird

Wenn eine Mutter nicht stillen kann oder möchte, sollten sich beide Eltern das Füttern mit dem Fläschchen teilen, tagsüber und nachts. Denn die nächtlichen Unterbrechungen fühlen sich ungleich härter an, weil man für das Zubereiten der Nahrung und das aufmerksame Füttern doch erst einmal komplett aufstehen muss. Bei Stillproblemen ergeben sich auch manchmal Szenarien, die eine Dreifachbelastung aus Stillen, Abpumpen und Füttern über einen bestimmten Zeitraum erforderlich machen. Hier empfiehlt es sich, als Vater alle Füttermahlzeiten zu übernehmen, da die Partnerin in der Zeit zum Beispiel abpumpen kann. Dies sollte aber nur ein mit Hebamme oder Stillberaterin abgesprochenes Szenario bei Problemen sein. Und für mütterliche Abwesenheiten kann es auch mal sein, dass du das Baby mit abgepumpter Muttermilch versorgst.

Das Füttern ist aber garantiert nicht notwendig, damit du deine Bindung zum Kind vertiefst, wie es uns Vätern mittels emotionaler Werbebilder gern mal suggeriert wird. Kuschele, bade und spiele mit deinem Kind. Wickele und trage es. Gerade das Tragen ist ein bisschen so was wie das Stillen der Väter, da sich dein Baby dadurch ähnlich gut beruhigt – immer vorausgesetzt, sein Hunger wurde zuvor gestillt.

Was Väter tun können

Die Milchbildung für das Baby unterstützt du am besten, indem du deine Partnerin mit gutem Essen und genug Trinken umsorgst. Übernimm andere anfallende Aufgaben und sei ein einfühlsamer Ansprechpartner bei Problemen oder Stillkrisen. Diese musst du nicht lösen, aber es ist gut, wenn du die Telefonnummer eurer Hebamme oder einer Stillberaterin parat hast. Bis ein Baby etwas anderes als Muttermilch oder industriell gefertigte Pre-Milch konsumiert, wird einige Zeit vergehen. Mehr zum Thema Stillen und zur Beikosteinführung steht im Kapitel »Essen mit Babys« (siehe S. 138).

Stillen ist – wenn es gut klappt – die natürlichste Sache der Welt. Ich habe das als Hebammenmann immer so wahrgenommen. Es war für mich eine Selbstverständlichkeit – aber es ist natürlich keine. Für die Frau ist es immer wieder auch harte Arbeit. Ein Stillkind »vereinnahmt« seine Mama und ihre Muttermilch, als Partner sollte man da aber nicht eifersüchtig sein. Es kommen andere Tage – ich habe mich immer gefreut, dass meine Frau und all unsere Kinder Spaß und Freude am Stillen hatten und immer noch haben. Die Zweijährige trinkt nämlich immer noch gerne »Mamamilla«.

ZURÜCK IN DEN (JOB-)ALLTAG

Für viele Väter ist das Wochenbett vor dessen rechnerischen Ende vorbei. Männer gehen häufig zwei bis vier Wochen nach der Geburt wieder arbeiten – und lassen dadurch ihre Partnerin mit dem Kind allein zurück. Das klingt fast ein bisschen plakativ-gemein und drastisch, aber genau dieser Umstand kann zu Problemen führen. Wer das erste Babyjahr als Eltern größtenteils gemeinsam stemmt, wird in den zahlreichen Problemsituationen ganz akut (also in dem Moment des Auftretens des Problems) nicht allein dastehen. Das gilt für Mütter wie für Väter. Natürlich werden beide in vielen Fällen die Aufgaben auch ohne Hilfe meistern. Aber gemeinsam ist die Wahrscheinlichkeit höher, dass es nicht zu Lasten der eigenen physischen und psychischen Gesundheit geht.

DIE VEREINBARKEIT VON FAMILIE UND BERUF

Arbeit und Kind sind bisweilen kaum zu vereinbaren. Ein moderner Vater zu sein und trotzdem Karriere zu machen, das ist wirklich schwierig umzusetzen. Die Generation der Millenial-Väter oder besser gesagt die gesamte Generation Y – es ist die erste Generation, die in Zeiten eines starken Selbstverwirklichungsdrangs und unendlich vieler Ablenkungsmöglichkeiten durch digitale Medien versucht, gemeinsam als Vater und Mutter Kinder zu haben – kämpft an vielen Fronten um eine partnerschaftliche Auffassung von Familie und Kindererziehung.

Gleichberechtigung: Traum und Wirklichkeit

Gleichberechtigt soll es am besten passieren, wobei das tatsächlich wohl vielfach eine Illusion bleibt. Einer von beiden Partnern wird sich immer mehr um das Baby und später das Kind kümmern müssen. Ein Kind beim Aufwachsen zu begleiten, das ist einfach ein Vollzeitjob. Wenn beide Eltern hauptberuflich in Vollzeit arbeiten wollen oder müssen, ob nun als Freiberufler, Unternehmer oder Angestellte, gleichzeitig aber ihr Elterndasein ernst nehmen, dann haben sie immer zwei Vollzeitjobs. Mindestens. Das hält niemand unendlich lange durch.

Im Wirtschaftswunder der 1960er haben die Väter in einem Job gearbeitet und die Mütter waren zu Hause. War das besser? Mein Gefühl und meine Erfahrungen sagen mir: Nein, war es nicht. Ich bin 1975 geboren. Einzelkind. Meine Eltern, klassischer westdeutscher Mittelstand, haben dieses Modell gelebt. Mutter zu Hause, Vater im Büro. Geld war da. Es gab ein eigenes Haus und einen schönen Mercedes-Neuwagen. Der Preis dafür? Mein Vater hat oft bis spät in den Abend gearbeitet. Er war ein Urlaubsvater. Im Sommer immer drei Wochen, meist in Dänemark. Durchaus gute Erinnerungen.

Aber Erinnerungen an einen Alltag mit meinem Vater sind eigentlich nicht da. Den hat meine Mutter organisiert, mit Unterstützung meiner Großeltern. Bis sie mit Ende 30 starb, was noch einmal alles veränderte.

Was es heißt, als Vater zu arbeiten

Ich schreibe Texte wie diesen als Journalist und Autor oft spätabends. Ich höre um eins auf, weil die Nacht spätestens um sieben zu Ende ist. Fünf, sechs Stunden Schlaf reichen mir in aller Regel mittlerweile. Tragisch eigentlich. Ich bin mal Journalist geworden, weil man da erst ab neun Uhr anfängt zu arbeiten. Ich will aber nicht komplett zerstört aufwachen morgens. Ich trinke weniger Alkohol, als ich es ohne Kinder tun würde. Ich rauche schon lange nicht mehr. Gehe weniger aus. Wenn ja, sind vieles berufliche Termine. Nette Events, keine Frage, aber Freunde treffe ich zu wenig.

Arbeiten als Vater heißt vor allen Dingen auch, die Dinge fokussierter anzugehen. In manchen Jobs sind feste Arbeitszeiten gesetzt, das ist klar. Ein Chirurg kann nicht einfach gehen, wenn die Bauch-OP läuft, aber eigentlich das Kind von der Kita abgeholt werden muss, das sich dort gerade erbrochen hat. Aber wenn der Vater einen Bürojob macht, sei er noch so »wichtig«, kann auch er los, um das Kind abzuholen. Manchmal wird er es tun müssen.

Aber wer halbwegs erfolgreich Kind und Karriere meistert, hat eines ganz sicher schnell gelernt: das Fokussieren. Es ist vielleicht dasjenige, worauf es überhaupt ankommt in dieser Zeit, in der Konzentration auf eine Sache nicht mehr angesagt ist. Der Alltag ist davon geprägt, dass wir immer was erleben wollen. Alle anderen machen immer so tolle Sachen, zeigen uns ihre geschickt inszenierte Social-Media-Welt. Dass die Realität nicht selten ganz anders aussieht, wird durch das Framing der Inhalte ebenso geschickt ausgeblendet.

Andere Väter erzählen: Doppelter Familienzuwachs

Ich bin Vater von drei quirligen Kindern. Unser Sohn wurde im Januar 2013 geboren, im Dezember 2014 folgten dann seine Schwester und sein Bruder. Die beiden Zwillinge kamen weit vor der Zeit, haben den intensivmedizinischen Start ins Leben aber recht gut überstanden. Mein Beruf als Designer und Frontendentwickler ist seitdem zur Nebentätigkeit verkommen.

Rückblickend betrachtet bestand die große Herausforderung mit Zwillingen als Kind zwei und drei darin, die Bedürfnisse aller unter einen Hut zu bekommen. Bevor die Kleinen auf der Welt waren, lebten wir mit unserem »Großen« in einer komfortablen 2:1-Betreuung (die mir natürlich erst im Nachhinein so komforta-

bel erscheint). Da ich vorwiegend von zu Hause aus gearbeitet habe, waren eigentlich immer genug Arme da, um sich um das Kind zu kümmern und gleichzeitig die eigenen Bedürfnisse zu realisieren: Arbeit, Ausflüge, Essen gehen, soziale Kontakte … das alles war meistens kein Problem!

Mit dem doppelten Familienzuwachs hat sich das stark verändert. Auf einmal waren mehr Kinderbedürfnisse als Eltern da und Alltagsbewältigung war für lange Zeit die Maxime. Nicht zuletzt, da bei Zwillingen immer alles doppelt kommt. Ein Kind hat Hunger – das andere auch. Eines hat die Windel voll – das andere auch. Eines schreit – das andere auch. Und der »Große«? Der war zu der Zeit ja auch noch klein. Bei der Geburt seiner kleinen Geschwister zählte er noch keine zwei Jahre und brauchte ebenfalls viel Aufmerksamkeit und elterliche Fürsorge. Auch seine Bedürfnisse sollten im Alltag nicht untergehen. Eine Entthronung hoch zwei hatte er sowieso zu bewältigen.

Die »Kita-Keime« brachten alles durcheinander

Besonders hart trafen uns die winterlichen Krankheitsphasen. Unser Großer hat mit der Kita begonnen, als die Zwillinge ein halbes Jahr alt waren. Im ersten »Kita-Winter« brachte er quasi jede Woche neue Keime von dort mit. In den Phasen des Krankheits-Pingpongs hätten wir helfende Hände gut gebrauchen können. Doch selbst im normalen Alltag konnten wir unsere Zwillinge nicht einfach mal irgendwo »parken«. Schon für uns Zwillingseltern ist die doppelte beziehungsweise dreifache Bedürfnisbefriedigung eine große Herausforderung. Diese konnten (oder wollten) wir nicht einfach den Großeltern oder Freunden zumuten.

Besonders im ersten Jahr hat mich stets das Gefühl begleitet, alles sei »auf Kante genäht«. Kommt nur etwas Sand ins Getriebe, fängt gleich der Stress an. Berufliche Termine, Deadlines … alles war verbunden mit der Hoffnung, dass keiner krank wurde. Als die Zwillinge ein halbes Jahr alt wurden, musste ich regelmäßig etwa alle zwei Wochen eine berufliche Tagesreise unternehmen. Das wa-

ren immer anstrengende Tage. Besonders für meine Frau. Und nicht selten wurde in der Nacht vor meiner Reise eines der drei Kleinen krank ...

Warum sind wir aber trotz allem nicht untergegangen? Zum einen sind meine Frau und ich natürlich mit und an den Herausforderungen gewachsen. Wir haben als Team immer zusammengehalten und uns die Aufgaben so gut es geht geteilt. Unsere eigenen Bedürfnisse haben wir für lange Zeit sehr weit hinten angestellt. Das gilt auch für die beruflichen Dinge. Glücklicherweise konnten wir es uns finanziell wie organisatorisch ermöglichen, uns beide im ersten halben Jahr nahezu »in Vollzeit« um die Kinder zu kümmern. Die Selbstständigkeit half und hilft auch über das erste Lebensjahr hinaus sehr bei allem Unplanmäßigen, das ein Leben mit drei Kleinen mit sich bringt.

Zudem haben wir unseren Alltag mit Kindern stark strukturiert (was vorwiegend meiner Frau zu verdanken ist) und ihn in sehr vielen Punkten an den Rhythmus der Kleinen angepasst. Das sparte uns Kräfte, die wir dringend benötigten, wenn mal wieder etwas dazwischenkam. Und es schaffte, falls mal alles glattlief, Freiräume für Exklusivzeiten mit dem Großen (oder auch manchmal für uns selbst). Meine Frau und ich sind das »Familienprojekt« mit sehr viel Gelassenheit angegangen (und das tun wir auch heute noch). Viele Dinge probieren wir einfach aus und haben meistens einen Plan B fürs Scheitern parat – den wir fast nie brauchen.

Und sonst so? Bei Zwillingen ist es faszinierend zu sehen, wie unterschiedlich Kinder sich entwickeln, wie sehr auch unter gleichen Bedingungen Entwicklungsschübe und Charakterzüge differieren. Und dann ist da noch die enge Bindung der beiden zueinander und zum großen Bruder. Nacheifern und miteinander spielen fing bei unseren dreien schon früh an. Dann sitzt man als Eltern einfach staunend und grinsend dabei.

Man muss lernen »Nein« zu sagen

Sicher: Der Job fordert einen Vater jeden Tag. Die zu teure Eigentumswohnung muss abgezahlt werden, die Miete wird nicht billiger, der Sprit fürs Auto auch nicht und der Wocheneinkauf erschreckt einen immer mehr. Die kinderlose Konkurrenz sitzt Eltern im Nacken. Sie macht es einem nicht leichter, wenn sie bereitwillig Überstunden runterreißt. Aber all das fühlt die Frau auch, wenn sie zu Hause mit dem Baby hockt. Sie hat vor der Geburt auch einen »normalen« Job gehabt. Sie will ihn bald wieder machen. Und ein Büro ist im ersten Babyjahr fast so erholsam wie der einsame Strand im letzten Sommerurlaub ohne Baby im Schlepptau.

Wenn man Kinder bekommt, muss man damit leben, dass alles anders wird. Man muss sich neu ordnen. Abstriche machen von dem egozentrischen Lifestyle ohne Kinder und sich diesem absurd intensiven Gefühl der Verantwortung stellen, das sie in einem produzieren. Und auch im Job muss man zurückstecken, wenn man nicht komplett ausbrennen will. Es ist Realität, dass vieles ein paar Jahre lang sehr anders sein wird.

Es ist trotzdem möglich, weiter eine Karriere zu verfolgen. Aber gerade Männer müssen auch im Job mal Nein sagen. Sie müssen Grenzen ziehen. Sich trauen, nicht permanent Überstunden zu machen. Oder an Orten und zu Zeiten arbeiten, an denen früher Raum zum Ausruhen war. Man muss stark sein. Vertrauen haben in die eigenen Fähigkeiten und Stärken. Man muss dafür kämpfen, dass man Kinder hat und das völlig normal ist. Man wird immer wieder scheitern – an der Gesellschaft, den Umständen, an anderen Menschen. Aber sollte man deswegen etwa keine Kinder kriegen?

Denn bei allem Gejammer: Eigene Kinder sind etwas wahrhaft Großartiges, vielleicht das Großartigste überhaupt. Sie sind es wert, auf so manches zu verzichten.

DAS ERSTE BABYJAHR ALS VATER

Ob wickeln oder abhalten, baden oder anziehen –
all diese Situationen sind mehr als reine
Versorgungstätigkeiten. Also mache Slow Parenting,
immer schön langsam. Nimm dir Zeit für alles. Rede
mit deinem Kind, erkläre ihm, was du machst, und
mache es langsam. Wickeln im Akkord ist nämlich
nicht das, was Babys wollen und mögen.

DAS LEBEN MIT BABY

Wenn der Ausnahmezustand im Wochenbett allmählich in den regulären Familienalltag übergeht, wird für euch vermutlich immer deutlicher erkennbar, dass dieser neue kleine Mensch in eurem Leben so ziemlich alles verändert. Den bisherigen Alltag einfach weiterzuleben und das Baby »nebenher« mitlaufen zu lassen wird nicht funktionieren ...

DIE LAST DER VERANTWORTUNG

Da sind zum einen die vielen kleinen und großen Babybedürfnisse, die eben allzu oft zeitlich und strukturell nicht planbar sind. Zum anderen hat sich auch emotional einiges verändert. Das Wort Verantwortung bekommt eine ganz neue Dimension, weil man sich mehr und mehr darüber klar wird, wie viel Verantwortung das Elternsein tatsächlich beinhaltet. Und jeden Tag stellt sich mit Blick auf das Baby erneut die Frage, ob das gut oder nicht so gut ist, was ich da mache.

Diese Frage wird man sich auch in den nächsten 18 Jahren, die folgen, immer wieder stellen. Und ihr werdet eure Aufgabe als Eltern mal mehr, mal weniger gut hinbekommen. Auch wenn sich manche Tage vielleicht wie das pure Scheitern anfühlen mögen, sie sind doch viel mehr Teil eines andauernden Lern- und Entwicklungsprozesses. Denn dieses Elternsein lässt sich eben nicht einfach theoretisch erlernen – es ist ein stetiger Prozess, man muss es schlicht erfahren.

Und an manchen Tagen braucht man genauso viel Verständnis und Geduld für sich selbst, wie man sie auch fürs Kind haben sollte. Welche Situationen und emotionalen Gemengelagen dich als Vater konkret am meisten herausfordern werden, wirst du im Zuge dessen garantiert herausfinden. Genauso wie du ungeahnte Seiten und Stärken an dir wahrnehmen wirst, von denen du bisher wahrscheinlich noch gar nichts wusstest.

WER SCHLÄFT WO?
UND WENN JA, WIE LANGE?

Das Thema schlafen beschäftigt Eltern auf vielen Ebenen. Vor allem geht es darum, dass das Baby »gut« schläft – was immer das auch heißen mag. Die meisten Eltern meinen damit, dass das Baby dann schläft, wenn sie selbst auch schlafen wollen. Also nachts. Aber die eigentlich zentrale Frage ist: Wer schläft wo?

Wo schläft ein Vater nach der Geburt?

Die meisten Paare schlafen vor der Geburt des ersten Kindes gemeinsam in einem Bett. Nur selten gibt es in einer Paarwohnung zwei feste Schlafplätze, meist nur dann, wenn es ein unterschiedlicher Arbeitsrhythmus dringend erforderlich macht. Das ist aber selten so. Nach der Geburt ist es allerdings häufig so, dass sich eine neue Schlafplatzfrage stellt. Wo schläft eigentlich ein Vater nach der Geburt? Denn Mutter und Kind schlafen quasi automatisch anfangs beieinander.

In diese Frage sollten vielleicht mehr Überlegungen investiert werden als in die Suche nach dem perfekten Kinderbett. Denn sehr wahrscheinlich werden Mann und Frau nicht entspannt nebeneinanderschlafen, während das Kind im Bettchen daneben friedlich schlummert, sich zum Stillen nur alle drei bis vier Stunden meldet, sich danach ohne Protest wieder hinlegen lässt und selig weiterschläft … Wer bereits ein Kind hat, hört spätestens hier auf zu lesen.

Das Baby braucht Nähe

Die meisten Erwachsenen wollen nicht allein schlafen. Und Babys wollen das schon mal gar nicht. Also ist vielleicht ein Beistellbett oder Babybalkon neben dem Elternbett eine gute Option. In der Tat sind diese sinnvoll, weil sie einen guten Rausfallschutz bieten. Der Kaufpreis allerdings wird meist nicht »abgeschlafen«, weil die Babys dann doch im Familienbett landen. Aber Beistellbettchen lassen sich auch gut als Bücherablage, Wickeltisch oder Platz für das Frühstück im Bett nutzen. Weiß ich aus eigener Erfahrung.

Das Baby braucht also Nähe und will häufig stillen – und dafür sollte man es sich als Eltern so einfach wie möglich machen. Wenn die Mutter das Baby bei den ersten Hungerzeichen schnell zu sich heranzieht, anlegt und weiterdöst, wird das zur geringsten Schlafunterbrechung führen. Da sich aber auch das Stillen anfangs erst mal einspielen muss, das viel spuckende Baby eventuell nachts noch aufstößt oder sonstige Bedürfnisse hat, wird mit Sicherheit auch der nebenan schlafende Vater immer wieder wach werden. Ist es nun sinnvoll, wenn zwei schlafbedürftige Erwachsene gleichzeitig wach sind und sich um das Kind kümmern? Beziehungsweise, dass der Vater wach danebenliegt, wenn die Mutter stillt?

VIER TIPPS FÜR GUTEN SCHLAF

- *Einfach denken: Wenn das Baby nah bei der Mutter schläft, synchronisieren sich die Schlafrhythmen der beiden. Mütter werden wach, wenn das Baby stillen möchte, ohne dass es sich lautstark bemerkbar machen muss. Wenn eine Mutter nicht stillen kann oder möchte, sind die nächtlichen Unterbrechungen in der Regel wesentlich massiver. Ein Elternteil wird für die Zubereitung und das Füttern von Pre-Nahrung »richtig wach«. Hier ist tatsächlich eine Arbeitsteilung sinnvoll, bei der auch der Vater nachts füttert.*

- *Einen zweiten bequemen Schlafplatz außerhalb des eigenen Schlafzimmers einrichten. Der ist nur vorübergehend und sorgt für einen Vater, der die Nerven behält, wenn sie bei der Mutter blank liegen.*
- *Schlaft möglichst, wenn das Baby schläft oder wenn ihr das Baby gut versorgt wisst. Immer. Auch am Tag. Der Nachtschlaf reicht nicht aus. Mittagsschlaf ist jetzt kein Luxus, sondern absolute Elternpflicht. Wer am Tag partout nicht schlafen kann, sollte sich zumindest ausruhen. Manchmal kommt der Schlaf dann doch noch von ganz allein.*
- *Prioritäten setzen. Nicht aufräumen, wenn einem vor Müdigkeit die Augen zufallen ... Es geht vorbei. Ein bisschen weniger Schlaf wird bleiben, solange die Kinder klein sind, aber das Babyjahr ist eindeutig am anstrengendsten.*

Umgekehrt ist auch das Szenario, dass der Mann schnarchend im Bett liegt, wenn man nachts das fünfte Mal stillt, nicht gerade erquickend. Zwei nachts gleichermaßen wache Eltern mit einem sich letztendlich nur altersentsprechend verhaltenden Baby sind nicht gerade beziehungsfördernd. Ein halbwegs ausgeschlafener Vater, der vielleicht um sechs oder sieben Uhr morgens das oft recht vergnügte Baby übernimmt und der Mutter noch mal zwei Stunden ungestörten Schlaf ermöglicht, ist dagegen Gold wert.

Neue Schlafarrangements

Damit es sich auch um einen ausgeschlafenen Vater handelt, muss man sich vielleicht andere Schlafarrangements überlegen. Und ja, es ist völlig okay und nicht der Anfang vom Ende, wenn man das in getrennten Betten tut. Das Konzept des »Ehebetts« ist ohnehin völlig überbewertet und Schlaf bekommt in der Babyzeit einen völlig anderen Stellenwert. Beide Eltern müssen schauen, ein Mindestmaß davon zu bekommen, um ihren neuen 24/7-Job halbwegs gut erledigen zu können. Schlafmangel kann den Zombie in jedem eigentlich noch so friedfertigen Menschen wecken.

Die Investition in ein bequemes großes Sofa oder ein Gästebett in einem anderen Raum als dem Schlafzimmer wird manche Beziehung retten. Auch die Vereinbarung »Ab fünf, sechs oder sieben Uhr ist es DEIN Kind« hilft Müttern durch Dauerstillnächte, wenn das Baby gerade mal wieder einen Wachstumsschub hat, zahnt oder sich einfach verhält, wie Babys sich nun mal verhalten.

Auf Babynächte kann man sich kaum vorbereiten

Ihr könnt sicher sein, dass keine Babyschlafphase verlässlich ist. Hat man die ersten zwölf Wochen geschafft, kommt meist eine Phase, in der die Kinder seltener wach werden. Spätestens mit sechs Monaten werden aber bei vielen Babys die Nächte wieder unruhiger. Und immer wieder ist es so ganz anders, als man gerade noch dachte …

Mit einem Baby verändert sich der Schlaf aller Familienmitglieder. Und auf diese Babynächte ist man als Eltern nicht wirklich vorbereitet. Erst nach der Geburt erfährt man, wie müde Eltern sein können. Da es aber bereits eine Vorahnung davon gibt, wenden die meisten Eltern viel Energie auf, sich vorab um den bestmöglichen Schlafplatz fürs Baby zu kümmern. Dabei ist es vor allem eins, was Babys geborgen und sicher schlafen lässt: die Nähe zur Mutter, die es ja schon aus der Schwangerschaft kennt. Davon braucht es möglichst viel.

Ein bisschen müde schleppen sich alle Eltern durchs erste Babyjahr. Und auch danach bekommen wir Eltern oft zu wenig Schlaf. Doch die meisten von uns kennen auch den Unterschied zwischen »nur« etwas müde zu sein oder sich vom Schlafmangel wie erschlagen zu fühlen. Denn das ist ein großer Unterschied.

SICHER SCHLAFEN IM FAMILIENBETT

Auch wenn ihr das beste und schönste Babybett angeschafft habt, überlegt trotzdem, wie ein alternativer sicherer Schlafplatz im Elternbett aussehen könnte.

- *Das Baby sollte beim Bed-Sharing genug Platz haben und vor dem Rausfallen gesichert sein. Ein »Babybalkon« ist vielfach eher ein Rausfallschutz, weil das Baby selten darin und häufig doch bei den Eltern schläft. Dabei sollte es im eigenen Schlafsack in Rückenlage neben der Mutter liegen.*
- *Die Matratze sollte nicht zu weich sein. Kissen und Decken der Mutter sollten so platziert sein, dass sie nicht über das Baby rutschen können. Manche Mütter verzichten ganz auf Kopfkissen. Auch Kuscheltiere gehören nicht an den Babyschlafplatz im Familienbett – wegen Erstickungsgefahr. Geschwisterkinder sollen nicht neben dem Baby schlafen. Im Zweifel das Familienbett bei Bedarf verbreitern.*
- *Der Schlafraum sollte gut durchlüftet und das Baby der Raumtemperatur entsprechend angezogen sein. Zu einer Überwärmung kommt es vor allem durch zu warme Unterlagen wie Felle, zu dicke Schlafsäcke oder Mützen. Im Winter muss entsprechend der Umgebungstemperatur die Kleidung angepasst werden. Beim gemeinsamen Schlafen reguliert das Baby seine Temperatur auch über den Hautkontakt mit der Mutter. Das sollte bei der Auswahl von Kleidung und Schlafsack mit berücksichtigt werden.*
- *Um es klar zu sagen: Rauchen erhöht das Risiko eines plötzlichen Kindstods deutlich. Darum sollte das Bett nicht mit dem Baby geteilt werden, wenn die Mutter in der Schwangerschaft geraucht hat oder ständigem Passivrauchen ausgesetzt war. Das Baby sollte nicht mit einem rauchenden Elternteil gemeinsam in einem Bett schlafen. Auch der Genuss von Drogen oder Alkohol sowie die Einnahme von Medikamenten gefährdet das schlafende Baby. Wurde etwas davon konsumiert, darf das Baby nicht im Elternbett schlafen.*

Im ersten Fall denkt man noch, dass ein bisschen mehr Schlaf guttun würde. Und man sich mit dem einen oder anderen Kaffee doch noch ganz gut durch den Tag schleppen kann. Der andere Zustand allerdings ist wirklich gefährlich. Und auch wenn man es sich vielleicht nicht eingestehen möchte, die meisten Eltern merken es doch recht deutlich, wenn der Körper am Limit ist, weil er zu wenig Regenerationsmöglichkeiten hat.

Risiko Schlafmangel

Richtiger Schlafentzug ist gefährlich. Er zeigt sich auf vielfältige Weise, die weit über tiefe Augenschatten und eine etwas erhöhte Reizbarkeit hinausgeht. Die Muskulatur reagiert verzögerter und ungenauer, was das Unfallrisiko erhöht. Gerade für Babys, die auf eine liebevolle Versorgung angewiesen sind, ist das ein gefährlicher Zustand. Ohne Schlaf bekommt man Gedächtnislücken, vielleicht sogar Halluzinationen. Auch Aggressionen gehören zum Symptombild. Übermüdetet Eltern sind daher ungewollt ein echtes Risiko für ihre Kinder.

Manche Nächte mit Kindern machen nicht nur ein bisschen müde, sondern lassen Eltern fast gar nicht schlafen. Diese Art von Schlafmangel kann man nur eine kurze Zeit lang kompensieren. Wenn der Körper mit Erholung extrem unterversorgt ist, muss der Betroffene einfach schlafen, um sich zu regenerieren. Gerade Mütter neigen dazu, sich wesentlich mehr zuzumuten, als sinnvoll ist.

Sollte der Fall eintreten, dass die Partnerin vor Übermüdung einfach nicht mehr kann, ist man als Mann gefordert – und zwar umgehend. Die Frau gehört ins Bett. Allein und möglichst sofort. Das heißt, dass ihr jemand das Baby abnimmt. Auch wenn jetzt vielleicht viele sagen, dass man ja nicht einfach alles stehen und liegen lassen kann, um seiner Frau ein paar Stunden Schlaf zu ermöglichen, kann ich nur erwidern: Das sollte es aber sein. Wenn du als Mann selbst zu müde bist um einzuspringen, hole dir selbst sofort Hilfe. Denn richtiger Schlafmangel ist wirklich gefährlich, darum besteht auch akuter Handlungsbedarf – ganz egal, wie »ungünstig« die Situation gerade ist.

WICKELN, WINDELN, WINDELFREI?

Ein Baby sieht niedlich aus, riecht gut und gluckst fröhlich vor sich hin. Manchmal schreit es auch, lässt sich aber häufig beruhigen, wenn seine Bedürfnisse gesehen und erfüllt werden. Zu diesen Bedürfnissen gehört ganz natürlich auch, dass die Eltern dem Baby helfen, wenn es sich entleeren muss beziehungsweise die Windeln vollgemacht hat.

Wegwerfwindeln

Hierzulande tragen die meisten Babys im ersten Lebensjahr und mehr oder weniger weit darüber hinaus Windeln. Die mit Abstand meisten Eltern nutzen **Wegwerfwindeln**. Die aktuellen Varianten haben eine hohe Saugkraft, damit Urin und Stuhl nicht auslaufen, und halten auch nachts dauerhaft trocken, zu Lasten der Atmungsaktivität. Für das Aufsaugen sorgen Zellstoff und Superabsorber genannte Kügelchen auf Basis von Erdöl. Einwegwindeln können mehr oder weniger viele Stoffe oder auch Mineralöle enthalten, die die Haut des Babys reizen können. Praktisch sind Wegwerfwindeln auf jeden Fall, aber sie sind ein echtes Umweltproblem. Eine Wegwerfwindel verrottet erst nach mehreren Hundert Jahren – und Millionen davon landen täglich allein in Deutschland im Müll.

Öko-Windeln

Es gibt mittlerweile auch etliche **Öko-Einwegwindeln** unterschiedlicher Machart. Einige wenige dürfen im Biomüll oder sogar auf dem Kompost entsorgt werden. Aber da sie aus anderen Rohstoffen bestehen und weniger saugfähig sind als herkömmliche Wegwerfwindeln, greifen Einwegwindelnutzer lieber zum Standardprogramm.

Stoffwickelsysteme

Natürlich werden auch heute noch (und vermehrt wieder) **Stoffwindeln** genutzt. Abseits von bisweilen etwas komplizierten mehrteiligen Strickbindewindeln gibt es unkomplizierte All-in-one-Systeme, die sich genauso schnell an- und ablegen lassen wie die Wegwerfwindel. Ein eingelegtes Vlies fängt größere Ausscheidungen auf. Es gibt etliche Systeme aus diversen Materialien. Und weil der Markt mittlerweile ein bisschen unüberschaubar geworden ist, gibt es sogar Stoffwindelberaterinnen.

Aus eigener Erfahrung kann ich nur sagen, dass das jeweilige Stoffwindelsystem alltagspraktikabel und unkompliziert waschbar sein sollte. Sonst greift man doch schnell wieder zu den praktischen Wegwerfdingern. Gerade bei uns Vätern scheint die Stoffwindelskepsis doch etwas größer zu sein, aber das Müllproblem betrifft uns schließlich alle.

Babys, die mit Stoffwindeln gewickelt werden, sind häufig schneller sauber, weil sie ein besseres Gefühl für ihre eigenen Ausscheidungen entwickeln. Heißt im Umkehrschluss: Sie saugen natürlich nicht so gut, was gerade am Anfang ein häufigeres Wickeln erfordert. Und das Waschen und Trocknen kostet Zeit und ist auf Reisen sehr umständlich. Allerdings ist die durch Stoffwindeln bedingte meist kürzere Wickelzeit ein großer Pluspunkt. So lohnt es sich durchaus zu überlegen, ob man nicht am Anfang etwas mehr Energie aufwendet, um dann schneller aus dem Thema wieder raus zu sein.

Auch mischen ist erlaubt

Immer mehr Eltern entscheiden sich auch für eine Mischvariante, wickeln mit Stoff und Einwegwindeln, je nach Situation und Alter des Kindes. Was aber immer klar ist: Wenn das Kind Windeln trägt, muss es auch gewickelt werden. Und das machen natürlich beide Eltern. Ich kann noch immer gut nachvollziehen, dass das Wickeln und Ausscheidungen generell für manche ein schwieriges Thema sein können. Ich war da keine Ausnahme vor der Geburt des ersten Kindes. Eine volle Windel war für mich nie eine Freude. Aber beim eigenen Kind rückt das in den Hintergrund. Man gewöhnt sich daran, freut sich aber auch darüber, wenn die Windelzeit vorbei ist.

Es geht auch ohne Windel

Damit genau das vielleicht schneller klappt, lohnt sich unter Umständen ein Blick auf das **Windelfrei-Konzept**. Ziel ist bei dieser Methode zwar nicht generell ein schnelleres »Trockenwerden«, aber es ist ein erfreulicher Nebeneffekt, weil die Kinder einfach von Anfang an ein Gefühl für ihre Ausscheidungen bekommen. Man greift einfach nur das auf, was das Kind anzeigt. Es geht also nicht um eine Konditionierung, sondern darum, die Feinzeichen zu erkennen, mit denen bereits ein Neugeborenes signalisiert, dass es mal muss. Dann hält man das Baby über dem Waschbecken oder einem dafür gedachten Schüsselchen ab. Das »funktioniert« tatsächlich und ich musste meine anfängliche Skepsis auf dem Windelfrei-Weg revidieren.

Wir haben das Abhalten in den ersten Monaten bei Kind drei (dem ersten Windelfrei-Baby) nur sporadisch gemacht. Als es fünf Monate alt war, haben wir es noch einmal konsequenter ausprobiert. Seit diesem Tag ging unser Baby täglich »aufs Klo«. Manchmal mehrmals täglich, manchmal auch nur einmal. Windelfrei verläuft häufig in Phasen, in denen die Kinder mal mehr und mal weniger Zeit und Lust haben. Und die Eltern auch.

Denn wir haben weiter Windeln verwendet, bevorzugt Stoffwindeln, aber auch Wegwerfwindeln und Trainerhosen. Dennoch hatten wir in Summe eine wesentlich bessere Windelökobilanz als bei den ersten Kindern und das Wickelthema war auch gut eineinhalb Jahre früher komplett durch.

Windelfrei ist keine neue Babytrendsportart oder esoterisches Hippiezeug, sondern der normale Weg, auf dem der größte Teil der Kinder weltweit groß und sauber wird. Es kann durchaus lohnenswert sein, sich auf das »Prinzip windelfrei« einzulassen. Das kann ja auch in Teilzeit sein. Wenn es machbar ist. Windelfrei macht einen aber weder zu besseren noch zu schlechteren Eltern.

Auch für Eltern, die bisher durchgehend wickeln, lassen sich früher oder später Ansätze von Windelfrei im Prozess des Trockenwerdens übernehmen. Zu jedem Zeitpunkt kann man die Windel einfach mal weglassen. Wichtig ist, keine konkreten Erwartungen daran zu knüpfen und das Kind liebevoll zu be-

VORSICHT BEIM WICKELN

Dass ihr als Väter im Regelfall euer Baby wickeln werdet, ist ein Fakt, dem ihr kaum ausweichen könnt. Aber es gibt ein paar andere Sachen, denen ihr ausweichen könnt – und das ist viel »wichtiger«. Die Körperfunktionen zur Ausscheidung folgen bei Babys keinem strikten Muster. Es gibt Feinzeichen, die ankündigen, dass ein Baby sich entleeren will. Wenn man darauf achtet, wird man sie nach und nach erkennen. Aber es wird nicht jedes Mal klappen.

Diese Tatsache kann einen als Vater (und als Mutter natürlich auch) beim Wickeln in eine missliche Lage bringen. Denn meist wickelt man direkt vor dem Kind stehend am Wickeltisch oder vor dem Kind hockend am Boden – und sollte immer für schnelle Ausweichmanöver gewappnet sein. Ich habe das schon früh von Anja gelernt, die als Hebamme beim Wickeln der betreuten Ba-

bys in den Familien stets ein bisschen seitlich steht. Mein Freund Marc kannte den Trick nicht, als er seinen Sohn wickelte, nachdem dessen Windel nass war. Zum Glück war nichts anderes drin, hatte er wohl noch gedacht, als er den Po anhob und mit dem feuchten Lappen den Urin wegwischte.

Sekunden später nutzte sein nur wenige Monate altes Babysöhnchen die andere Körperöffnung. Es traf Marc unvorbereitet und vollständig. Nach eigener Aussage nicht nur ihn, sondern auch die gesamte Badezimmerwand hinter ihm. Er war dort als Silhouette gut sichtbar – wer eine visuelle Idee will, kann mal bei YouTube nach »Mr Bean – Renovierungsarbeiten mit Feuerwerk« suchen ...

gleiten. Sowohl bei Windelfrei als auch beim klassischen »Töpfchentraining« ist es hilfreich, entspannt zu bleiben und vor allem keinen Druck auf das Kind aufzubauen.

Egal, wie du wickelst - mache es »slow«

Beim Wickeln und abhalten, beim Baden und Anziehen kannst du als Vater eure Bindung prima vertiefen. Mach alles, was du tust, langsam und bleibt mit deiner Aufmerksamkeit beim Kind. Vermeide jede Hektik. Keiner mag es, wenn er hastig und nebenbei »abgefertigt« wird. Nimm dir also Zeit.

Tatsache ist: Direkter Hautkontakt tut Babys grundsätzlich gut. Massiere dein Baby, leg es dir auf die nackte Brust oder gehe gemeinsam mit ihm in die große Badewanne. Gegen die anfängliche Unsicherheit in Sachen Babypflege hilft nur eins: Es einfach machen. Koche deiner Partnerin eine Tasse Tee und sage ihr, dass sie sich ausruhen soll, während du dann ganz in Ruhe den Minimenschen versorgst. Unbeobachtet ist es viel einfacher, mit deinem Baby »ins Gespräch« zu kommen und euch immer besser kennenzulernen.

Ob du etwas vorsingst, mit ihm durch die Wohnung läufst und ihm alles zeigst oder ihr am Fenster steht und gemeinsam nach draußen schaut, das bleibt ganz dir überlassen. Aber auch hier ist weniger mehr. Dich zu spüren, zu hören und Blickkontakt zu haben ist erst mal genug. Dein Kind braucht gerade am Anfang kein schnelles Entertainmentprogramm – weder von dir noch von quietschbunten elektrischen Mobiles, die bedrohlich über dem Wickeltisch kreisen.

TRAGEN UND SCHIEBEN

Ein Baby im ersten Jahr lernt schnell und viel, wahnsinnig viel sogar im Vergleich zu den späteren Jahren. Aber es ist in den ersten Monaten auch darauf angewiesen, dass wir Eltern es umsorgen und mitnehmen – sei es auf dem Arm, im Tragetuch, der Babytrage oder dem Kinderwagen.

Tragen tröstet und beruhigt

Ob jemand sein Baby lieber trägt oder schiebt, ist wieder eine ganz individuelle Entscheidung, die vom persönlichen Stil abhängt. Beide Varianten bieten ihre eigenen situativen Vorteile (siehe ab S. 52).

Wer lieber schiebt, sollte im Hinterkopf behalten, dass man als Mutter oder Vater ein Baby aus dem Kinderwagen zu sich holen sollte, wenn es sehr unruhig wird oder gar bereits weint. Die Nähe von vertrauten Personen ist der beste Trost. So sollte man also ein Baby nie im Kinderwagen schreien lassen, sondern hochnehmen und beruhigen. Und für solche Fälle eignet es sich eben bestens, im Kinderwagen eine Trage mitzunehmen. Oder das Baby gleich in der Trage nah am Körper zu haben.

Kleine Kinder sind »Mitnehmlinge«

Trageoption und Kinderwagen können sich ganz wunderbar ergänzen. So kann man flexibel auf die Bedürfnisse der kleinen »Mitnehmlinge« eingehen. Denn auch wenn Babys und Kleinkinder später laufen können: Sie bleiben »Mitnehmlinge«. Ob Eltern sie dann schieben, tragen oder auf den eigenen Schultern transportieren, hängt jeden Tag aufs Neue von vielen Faktoren ab. Es gibt jedoch einige Punkte, die sehr deutlich für die Nutzung einer Trage sprechen – jenseits der profanen Erkenntnis, dass man auf diese Weise beide Hände frei hat.

Kleine Kinder und ihre Eltern spüren Nähe, Bindung und Liebe beim Tragen. Es verlängert sozusagen noch ein bisschen die Bauchzeit und hilft den Babys gerade in den ersten Wochen nach der Geburt beim Ankommen auf der Welt. Es lässt Babys in Geborgenheit nach und nach die Welt entdecken mit genug Gelegenheit zum Rückzug, wenn ihnen die vielen Reize einmal zu viel werden sollten.

Die Stunde der Väter

Tragen ist vor allem für Väter eine perfekte Gelegenheit, mit dem Baby zu bonden und es ganz nah bei sich zu spüren. Die Mutter hatte diese viele Monate, als das Baby im Bauch wuchs. Und es ist das Normalste auf der Welt. Alle Babys werden irgendwie getragen. Schon immer. Ein Tragetuch oder eine Babytrage machen es nur wesentlich bequemer, als den kleinen Lieblingsmenschen immer nur auf dem Arm zu schuckeln.

All diese Dinge gelten erst einmal für jede Tragevariante (siehe S. 54). Aber es gibt Modelle, die die Anatomie des Säuglings und der tragenden Person besser berücksichtigen. Fachpersonal kann bei der Auswahl beraten. Wenn Eltern wissen, wo ein Babyrücken gestützt werden muss und was es mit der Anhock-Spreizhaltung auf sich hat, werden sie selbst erkennen, dass eine Trage, die den Rücken platt an an den Bauch des Trägers drückt und die Beinchen wahlweise überspreizt oder nach unten baumeln lässt, keine empfehlenswerte Sache ist. Und: Kleine oder schlafende Babys brauchen Halt für ihr Köpfchen. Das fällt Eltern beim Tragen in der Regel schnell auf.

Das Tragen wird euch in unruhigen oder sehr nähebedürftigen Phasen nicht nur unterwegs, sondern auch zu Hause immer wieder retten. Denn es lässt die Hände zum Kochen, Wäscheaufhängen und selbst zum abendlichen Zocken an der Konsole frei. Mit Kopfhörern natürlich.

ESSEN MIT BABYS: BEIKOST UND STILLEN

Im Wochenbettkapitel steht bereits, dass Babys im ersten halben Jahr durch die Muttermilch gut versorgt sind. Und auch danach besteht kein Anlass zu Stress. Ungefähr mit einem halben Jahr wird dein Kind mehr oder weniger viel Interesse an Essen jenseits von Milch haben. Ob dein Kind wirklich bereit ist, feste Kost zu probieren, besagt weniger das exakte Alter als seine Entwicklung … Stichwort Beikostreife.

Sobald Babys diese Reifezeichen zeigen, kann man ganz gemütlich beginnen, dem Baby etwas Passendes vom Familientisch anzubieten. Ob das Baby Brei vom Löffel oder Fingerfood aus der Hand bevorzugt, wird es euch schon deutlich zeigen. Wichtig ist, dass wir als Eltern nur ein (gesundes) Angebot machen und das Baby bestimmt, was und wie viel es davon isst. Wenn dein Baby also abweisend den Kopf wegdreht, musst du nicht den Löffel in ein imaginäres Flugzeug verwandeln oder andere Kaspereien machen, sondern das Baby einfach in Ruhe lassen.

WAS BEIKOSTBEREITE BABYS AUSZEICHNET

Folgende Voraussetzungen sollten erfüllt sein, damit dein Baby reif ist für die ersten Versuche mit fester Nahrung:

- *Es kann den Kopf allein halten und mit wenig Unterstützung im unteren Rücken selbstständig sitzen (stabile Kopf- und Rumpfkontrolle).*
- *Es kann selbstständig Dinge mit der Hand greifen und zum Mund führen (Hand-Mund-Koordination).*
- *Der Zungenstoßreflex, mit dem Nahrung reflektorisch aus dem Mund geschoben wird, ist verschwunden. Dein Baby macht Mahl- und Kaubewegungen (zielgerichtete Zungenbeweglichkeit).*
- *Dein Baby zeigt Interesse am Beikostangebot und probiert neugierig alles, was ihm angeboten wird.*

Wie lange wird gestillt?

Dein Kind gibt das Tempo beim Essenlernen vor – und das ist höchst individuell. Das habe ich bei vier Kindern unter gleichen Beikostbedingungen selbst erlebt. Während wir uns beim ersten Kind zum Thema Beikost noch viele Gedanken machten, gab es bei den folgenden drei Kindern einen viel fließenderen Übergang von der reinen Muttermilchernährung zum Familientisch. Nur, dass das Stillen lange Zeit weiterhin begleitend wichtig war, verhielt sich bei allen Kindern gleich. Für Anja war das stimmig und so hat sie den Abstillzeitpunkt entspannt dem Kind selbst überlassen.

Dieses vom Kind ausgehende Abstillen liegt übrigens in der Regel wesentlich später, als man vielleicht so denkt, und meist auch jenseits des zweiten Geburtstages. In Deutschland werden die meisten Kinder wesentlich früher abgestillt – meist noch im Säuglingsalter, also im ersten Lebensjahr. Dieses Abstillen geht in der Regel von der Mutter aus. Manchmal möchte sie es einfach nicht mehr. Manchmal sind es aber auch Stillschwierigkeiten oder ein gesellschaftlich stillunfreundliches Umfeld. Denn während Mütter in den ersten Monaten Kritik ernten, wenn sie nicht stillen, kippt dieses Phänomen irgendwann und die »länger« stillende Mutter wird schief angesehen.

Weder das eine noch das andere sind gute Voraussetzungen für persönlich passende Entscheidungen. Und auch wir Väter mischen gern mal mit, wenn es um die Stilldauer geht. Vielleicht in der Hoffnung, dass das Abstillen eine weniger müde und mehr an Zweisamkeiten interessierte Partnerin mit sich bringt. Aber Müdigkeit und sexuelle Durststrecken hängen wesentlich mehr mit der Tatsache zusammen, dass die Babyzeit einfach anstrengend ist, ganz unabhängig vom Ernährungsmodus.

Also darf man die Still- und Abstillpräferenzen ruhigen Gewissens Mutter und Kind überlassen. Die wissen am besten, was sie tun. Sollte vor dem ersten Geburtstag abgestillt werden, braucht das Baby auf jeden Fall eine Pre-Nahrung als Alternative für die Muttermilch. Mit dem Beikostbeginn startet zwar der natürliche Abstillprozess, aber hier sind die Erwartungen von Elternseite aus meist eher zu hoch gesetzt. Denn zunächst wird das Baby genauso viel wie vorher stillen. Oder sogar noch häufiger. Typischerweise werden gerade die Nächte mit rund einem halben Jahr wieder unruhiger und es wird gern mal die Nacht »durchgestillt«. Das hängt mit neuen Entwicklungsschritten, den ersten Zähnen oder irgendeiner sonstigen Phase zusammen. Denn alle anstrengenden Elternzeiten sind immer irgendwelche Phasen. Oder zumindest ein Wachstumsschub. Aber die Phrase mit der Phase sagt schließlich nur, dass jede heftige Phase vorbeigeht. Und dann die nächste kommt …

Einschlafstillen und Herausforderungen, die sich daraus ergeben

Die hohen Beikosterwartungen hängen oft auch damit zusammen, dass die Partnerin vielleicht auch mal wieder raus aus dem Babykosmos möchte. Wenn sie euer Kind in den letzten Monaten vor allem durch das Stillen in den Schlaf begleitet hat, ist das Vertrauen in deine »Baby in den Schlaf bring«-Fähigkeiten vielleicht zu gering. Aber dennoch ist das alles machbar. Trau es dir, ihr und auch dem Baby zu. Ob abgepumpte Muttermilch als Stillersatz zum Einsatz kommt, hängt von Alter und Beikoststatus des Kindes ab. Und je nach Abwesenheitsdauer reicht auch ein Stillen davor und danach. Etwas für den Fall der Fälle dazuhaben ist aber auf jeden Fall sinnvoll.

Babys, die das Einschlafstillen gewohnt sind, werden vermutlich empört reagieren, wenn sich das vertraute Einschlafritual verändert. Auch dann, wenn man sich als Vater mit dazulegt. Ja, Kinder sind kleine Gewohnheitstiere, aber doch durchaus so flexibel, dass in anderen Situationen andere Dinge funktionieren. Also ist es vielleicht sinnvoller, dein Kind im Tragetuch in den Schlaf zu begleiten. Auch ein Abendspaziergang, ob nun mit Tuch oder Kinderwagen, kann dein Baby und dich gleichermaßen entspannen. Bis zur mütterlichen Rückkehr schläft es dann dort einfach weiter. Das ist wahrscheinlich sicherer, als das friedlich schlafende Baby beim Versuch, es vom aktuellen Schlafort ins Bett umzulagern, aufzuwecken.

Und manchmal läuft es einfach schief ...

Manchmal ist es auch sinnvoller, länger mit dem Kind zu spielen, anstatt sich selbst und das Baby mit Einschlafversuchen zu stressen. Hier gibt es kein Patentrezept, außer zu schauen, was das Bedürfnis des Kindes ist und wie man liebevoll damit umgeht. Es gibt so viele Einflussfaktoren, wie das Alter des Babys, seine momentane Verfassung, den bisherigen Tagesablauf, Wachstumsschübe und so weiter. Deshalb ist zu viel planen eher sinnlos. Väter sind oft kreativer, als manche Mütter denken, wenn es darum geht, das Baby auch ohne Stillen empathisch zu beruhigen. Ja, und das Baby darf auch darüber schimpfen, dass die abendliche Nummer 1 gerade nicht da ist. Liebevoll begleitet ist auch das Weinen darüber in Ordnung. Und wenn mal alles komplett schiefläuft, darf ein für den Moment überforderter Vater auch seine Partnerin anrufen und bitten, früher zurückzukommen. Oder du kannst ihr das Kind zum Stillen bringen. Ein »gescheiterter« Weggehversuch heißt nicht, dass du es einfach nicht hinkriegst. Eine Woche später kann die Situation schon wieder ganz anders aussehen.

So war es bei mir: Essen außer Kontrolle

Die fast Einjährige sitzt ganz ruhig im Hochstuhl und mampft Brokkoli und Nudeln. Natürlich mit Tomatensoße. Nicht viel davon, aber Tomatensoße. »Waddddaaaaah«, *bittet sie lautstark um ein Getränk. Ich stehe auf, hole ein Glas und gehe zum Wasserhahn. Als ich mich wieder umdrehe, ist das Kind ziemlich rot und der Fußboden auch. Tomatensoßenalarm, aarrrggghhhh, wie konnte das nur passieren? Ich atme durch und erinnere mich an unser Relax-undruhigbleib-Mantra.*

Das abzurufen ist natürlich sehr tagesformabhängig. Ebenso, ob ich mich über so ein Chaos aufrege oder nicht. Es wäre gelogen zu behaupten, wir würden nicht auch motzen und meckern, wenn die Kinder hier gefühlt alles in Schutt und Asche legen. Aber nach dem Motzen und Meckern bleibt immer ein schales Gefühl zurück – und ein gekränktes Kind. Denn wenn man mal genauer hinschaut, hat das, was die Kinder da veranstalten, in der Regel nicht die Intention, uns Erwachsene zu verärgern. Meist entspringt es dem guten Ansatz, selbst die Welt zu entdecken und den eigenen Erfahrungsschatz zu erweitern. Das gilt vor allem für Kleinkinder, die noch so viel lernen wollen.

Das größte Chaos entsteht aus großer Begeisterung

Das Kind lässt also nicht das Waschbecken überlaufen, damit ich genervt mit dem Putzlappen auf den Fliesen rumkrieche. Es wollte einfach nur sein Boot fahren lassen und freute sich über das sprudelnde Wasser aus dem »Wasserhagn«, *das sein* »Böötchen« *ganz von allein bewegt. Und wenn die Küchenfliesen mit Tomatensoße oder Himbeerresten gesprenkelt sind und die Schale sowie Stücke einer glitschigen Mango am Boden liegen, dann weil die großen Kinder uns einen Smoothie mixen wollten. Das muss man sich in solchen Situationen ins Gedächtnis rufen, dann klappt es meist mit der inneren Ruhe.*

Das größte Chaos entsteht meist aus großer Begeisterung und nicht aus Boshaftigkeit. Je fantasievoller Kinder spielen, je intensiver sie das Essen genießen, umso chaotischer sieht es dann halt aus. An manchen Tagen haben wir dafür mehr oder weniger Geduld. Aber es ist gut, sich immer wieder daran zu erinnern, warum die Kinder all das veranstalten und warum eine »gute Kindheit« laut, chaotisch und dreckig sein muss.

Einen Großteil ihres Alltags gestalten ohnehin schon wir Erwachsenen, sei es durch zeitliche Vorgaben oder Dinge, die wir geplant haben. Darum ist es auch gut und wichtig, wenn die Kinder immer wieder einfach mal ihr Ding machen. Auch wenn das nicht immer unser Ding ist. Und ja, es ist eine gute Übung in Gelassenheit, es einfach hinzunehmen und zu lächeln und zu wischen. Jeder hat da eine persönliche Schmerzgrenze – und es ist vollkommen in Ordnung, auch auf diese zu achten.

Gemecker fühlt sich im Nachklang allerdings fast immer schlechter an, als staunend die Fantasie der Kinder zu bewundern. Wenn sie sich in ihren Ideen verstanden fühlen, ist sogar meist die Kooperationsbereitschaft ziemlich groß, das Chaos gemeinsam zu beseitigen. Manchmal motzen wir aber auch einfach nur unreflektiert rum, fühlen uns schlecht dabei und entschuldigen uns anschließend. Letzteres ist wichtig – aber es ist okay, auch mal zu meckern, weil auch wir Eltern jeden Tag noch viel lernen können. Gelassenheit und Humor machen den Alltag mit Kindern aber meist einfacher und schöner.

SPIELEN MIT DEM BABY

Ein Baby und ein Kleinkind, sie sind wie ein unendlicher Schwamm. Sie saugen den verfügbaren Input auf – und dann wollen sie mehr davon. Eltern fällt die ehrenvolle Aufgabe zu, diesen Input zu servieren – vor allem auch, indem sie mit dem Baby und Kleinkind spielen. Nach der Geburt ist das Spielerische ganz automatisch Teil der Beziehung zwischen Eltern und Baby. Ihr werdet mit dem Baby glucksen, seine Laute nachmachen und euch freuen, wenn es euch an die Wange sabbert. Ihr werdet eure eigenen kleinen Spiele entwickeln, während sich das Baby entwickelt – und irgendwann wird sich das nicht mehr ganz so kleine Baby auch vermehrt aktiv Spielzeug schnappen. Das dauert aber ein Weilchen. Als erstes Spielzeug wird es die eigenen Hände entdecken und mit dem Mund erkunden. Erst mit etwa vier bis fünf Monaten kann ein Baby schließlich selbst gezielt nach Gegenständen in seiner Reichweite greifen.

Sinnvolles Spielzeug

Im Idealfall habt ihr also nur einen kleinen Bestand an Babyspielzeug wie einen leichten Greifling angeschafft (tatsächlich wird es viel mehr sein, weil Geschenke und der eigene Drang, etwas fürs Baby zu kaufen, hinzukommen). Aber Babys machen eigentlich keinen Unterschied zwischen echtem und ungewolltem Spielzeug. Sie schnappen sich, wenn sie können, lieber Papas Haustürschlüssel (der klimpert ja so schön!), anstatt mit den ollen Holzspielzeugschlüsseln zu spielen. Natürlich ist der Spielschlüssel hygienisch einwandfreier, aber der Kontakt mit Bakterien trainiert schließlich auch das Immunsystem. Sobald ein Baby mobil wird, muss man sich das als Eltern öfter sagen, zum Beispiel wenn das Kind in den Flur gerobbt ist und dort die Schuhe von unten abschleckt, weil man nicht schnell genug war.

Kinder spielen gern einfach mit »irgendwas«, das lernt man recht schnell. Da reichen auch alte Tastaturen oder ein Stück Holz. Man macht sich allerdings vor allem beim ersten Kind wirklich Gedanken darüber, ob, wann und wie man mit Babys spielen soll.

Ein älteres Kind gibt meist recht deutlich Auskunft darüber, was es gerade spielen will. Aber so ein Baby (gerade das erste) generiert die Sorge, es zu unter- oder zu überfordern. Und spätestens ab dem zweiten Kind stellt sich das schlechte Gewissen ein, weil man denkt, dass man sich viel zu wenig mit dem Baby beschäftigt. Dabei haben ja gerade nachkommende Kinder echte Spielexperten an ihrer Seite: ihre Geschwister. Mehr Anregung zum Nachahmen und Selbstentdecken gibt es nicht. Diesen Input gibt es natürlich für Erst- beziehungsweise Einzelkinder genauso – in der Krabbelgruppe, auf dem Spielplatz oder auch in der Kita.

Spielen ist wichtig für die Entwicklung

Aber was soll man seinem Kind nun anbieten, wenn es gilt, den Tag gemeinsam zu bestreiten? Ist es ausreichend, das Baby oder Kleinkind beim Wäschemachen die Wäscheklammern ein- und ausräumen zu lassen? Oder ist es nicht doch pädagogisch wertvoller, gemeinsam das dreiteilige Puzzle aus fair gehandeltem Bioholz gemeinsam zu bespielen?

Es ist eigentlich egal. Allein dass überhaupt gespielt wird, ist wichtig. Spielen ist unverzichtbar für Babys und ihre Entwicklung in allen Bereichen: körperlich, sozial und geistig. Allerdings ist es wenig sinnvoll, ein Baby mit allerlei von Erwachsenen ausgedachten pädagogisch vermeintlich wertvollen Lernspielen zu überfrachten oder sich die ganze Woche von Babykurs zu Babykurs zu hangeln.

Babys brauchen Gelegenheit, sich und ihre Umwelt selbst zu entdecken – ganz spontan, unangeleitet und frei. Beim Spielen geht es darum, die Welt zu begreifen, in der sie irgendwann allein zurechtkommen wollen. Deshalb ist wohl der richtige Schlüssel wesentlich spannender als das Spielzeugpendant aus Holz, mit dem Mama die Haustür noch nie aufgesperrt hat. Gekocht wird auch in richtigen Töpfen, die schön laut klappern – nicht in den Miniaturausgaben. Es sei denn, die klappern auch!

So war es bei mir: Der lästige Legostein

Direkt nach der Geburt schweben die meisten Ersteltern auf einer fluffigen Wolke aus Wohlgefühl durchs Leben. Und das bleibt nicht selten so: Gerade in den ersten Monaten ist so ein Baby meist kuschelig und anschmiegsam, schläft häufig viel und sieht ansonsten niedlich aus. Irgendwann lernt es zu krabbeln, dann zu laufen – und damit steigt die Gefahr! Welche Gefahr, darf man sich nun fragen? Nun ... der Schmerz der Eltern zeigt sie deutlich.

Mittlerweile weiß ich, dass es gelegentlich sehr wehtut, Vater oder Mutter zu sein. Denn Kinder werden zunehmend mobiler – und diese Agilität ist gefährlich. Sobald das Kind nicht mehr an Ort und Stelle bleibt, wird man etliche Male übers Baby stolpern. Und meist auch nicht besonders elegant, weil man natürlich auf jeden Fall verhindern möchte, dass das Baby dabei verletzt wird.

Einige Zeit später lassen die Kleinkinder irgendwelche Sachen liegen, die man vergisst aufzusammeln. Dieses Versäumnis wird man spüren. Jeder Elternmensch ist in der Finsternis der Nacht schon mal auf einen Duplostein getreten. Schlimmer sind nur kleine, extraspitze Legosteine. Bitterböse sind auch Plastikzäune der Brio-Eisenbahn und die spitzen Extremitäten von Schleichtieren.

Klassiker: Kinnhaken aus heiterem Himmel

Ein weiterer Klassiker ist das Kind unterm Kinn. Hochgehüpft beim gemütlichen Vorlesen auf dem Schoß. Den Knall hört man bis oben in den Schädel wummern, schreit innerlich oder äußerlich auf, muss dann aber gleich das Kind trösten, das ja im Regelfall auch weint.

Sehr gemein, aber unausweichlich. Auch schlecht geschnittene Baby-fingernägel sind bitter. Weiß die Bekannte, deren Netzhaut verletzt war, weil ihr das Baby mal ins Auge reingepiekst hatte.

Je älter die Kids werden, umso größer die Gefahr. Auch beim Toben lernt man zunehmend, Augen und Weichteile besser zu schützen. Denn je ausgelassener, desto unkontrollierter sind ihre Bewegungen. Und ja, es haben schon Kleinkinder unbeabsichtigt ihren Eltern die Nase gebrochen. Lieb hat man sie trotzdem und bringt sich wohl deshalb immer wieder neu in Gefahr. Zuletzt hat es mich mal wieder erwischt, aus dem Nichts. Die Neunjährige hat mir beim Minigolf aus Versehen den Schläger ins Gesicht geschwungen. Ich wollte ihr nur bei der Schlagführung helfen. Sie hat einfach durchgezogen. Resultat: blutige Nase, zum Glück nicht gebrochen.

Schlimmer als so was, schlimmer als Gegenstände oder tätliche Attacken sind nur Körperflüssigkeiten. Wem schon mal ein Baby angegorene Milch nach dem Stillen ins Auge gebrochen hat, der weiß, was ich meine. Das brennt echt fies. Allerdings ist das Kleinkind da ja noch ein Baby. Und man selbst denkt, dass es die nächsten Monate dann ja besser wird. Stimmt ja auch, bis man dann auf den ersten Legostein tritt …

Was braucht ein Kind zum Spielen?

Auch das Kinderwerkzeug, egal, wie realistisch und naturgetreu es anmutet, wird auf die Kleinen nie die gleiche magische Anziehungskraft haben wie der echte Werkzeugkasten der Eltern. Alltagsgegenstände, wie Schuhlöffel, Schneebesen und Topfdeckel, sowie unterschiedliche Materialien von Bauklötzchen bis Seidentuch, sind das, was kleine Kinder am meisten interessiert. Sie sind das beste Zeug zum Spielen. Die schicken Spielsachen, die wir Eltern wohlüberlegt ausgesucht, gekauft oder geschenkt bekommen haben, dienen bei uns viel als Deko. Während ich das tippe, rollt eine Klopapierrolle an mir vorbei. Und das Babymädchen robbt hinterher. Gefolgt von ihrem Bruder.

Was also braucht ein kleiner Mensch neben Dingen, die ihn interessieren, nun wirklich zum Spielen? Eine Umgebung, in der er sich relativ frei bewegen und selbst aktiv werden kann. Das heißt in den ersten Lebensjahren, dass Dinge, die einem wichtig sind und die vielleicht kaputtgehen können, besser eine Etage höher wandern. So muss man das Kind nicht ständig in seinem Explorationsdrang ausbremsen.

Für Babys, die sich noch nicht fortbewegen, ist die Krabbeldecke der beste Spielplatz. Sinnvoll ist es, den Kindern von Anfang an regelmäßige »Tummy Times«, also Zeiten in Bauchlage, zu ermöglichen. Denn aus dieser Lage wird die Kopfkontrolle und später der Unterarmstütz geübt. Der Anreiz in Bauchlage, den Kopf hochzunehmen, um etwas zu sehen und später zu erreichen, ist natürlich ungleich höher, als wenn das Kind aufgerichtet in der Babywippe thront. Tatsächlich trauen sich viele Eltern nicht mehr, die Kinder auf den Bauch zu legen, weil sie das ja in den Empfehlungen zur Prävention des plötzlichen Kindstods gelesen haben. Dies gilt aber für die Schlafphasen des Kindes. In den Wachphasen sollte ein Baby regelmäßig auf dem Bauch liegen dürfen.

Kinder brauchen Spielpartner

Babys brauchen zudem liebevolle Spielbegleiter, die sie einfach beobachten, in ihrem Tun bestärken und sich mit ihnen über das Entdecken der Welt freuen. Das sind anfangs primär die Eltern. Kinder haben eigene Ideen und oft einen anderen Plan als wir. Aber genau davon kann man sich als wohlorganisierter Erwachsener auch einfach mal inspirieren lassen. Kinder brauchen genug Zeit, um Dinge immer und immer wieder zu wiederholen oder auch etwas zu Ende bringen zu können.

Weniger Spielzeug, weniger Hektik, weniger Regeln. Dafür Raum, Ruhe und Ungestörtheit, damit das Kind selbst erkunden kann. Als Eltern können wir da unterstützen, wo das Kind uns braucht, und uns dort zurückziehen, wo wir vielleicht sogar stören oder überflüssig sind. Je kleiner die Kinder sind, umso mehr brauchen sie uns noch als sicheren Hafen in ihrer Nähe. Später schmeißen sie uns ganz von selbst raus. Gerade, wenn andere Kinder dabei sind, merken sie ganz schnell, was für lausige Spielpartner wir Großen doch oft sind.

Schon mit den ersten Spielen bahnt sich an, was später in der Ödnis des Sandkastens seine Vollendung findet: Viele Spiele sind das erste, zweite und dritte Mal lustig, verlieren aber schnell ihren Reiz. Leider nicht für die noch kleinen Kinder, deren Freude an einer neuerlichen Runde Sandeis-zubereiten-und-wegschütten meist deutlich größer ist als die der Eltern.

Man sollte sich also als Vater immer schön die Sachen raussuchen, die einem selbst auch Spaß machen – viel oder wenigstens ein bisschen. Ich persönlich konnte und kann zum Beispiel problemlos stundenlang mit allen Kindern vor Kisten voller Legosteinen sitzen und irgendwas bauen. Ich bin aber nicht so sehr der Fan von Rollenspielen, in denen ich imaginären Kaffee an kleinen Tischen trinken muss. Man macht alles nicht nur gefühlt hundert Mal – und es ist okay, das langweilig zu finden. Oder anstrengend. Denn beides ist so. Man muss sich auf die Langsamkeit einlassen und jede kleine Geste genießen. Ein Baby ist nur einmal ein Baby – und mit diesem einen Baby erlebt man all diese Dinge nur dieses eine Mal. Und dennoch darf man zwischendurch mal das Gefühl von triefender Langeweile verspüren und das Kind ganz unaufmerksam mit »irgendwas« spielen lassen, während man selbst pädagogisch vollkommen wertlos auf dem Handy rumdaddelt.

CHAOS IM WOHNZIMMER –
UND NICHT NUR DORT

Wenn eine neue Mitbewohnerin oder ein neuer Mitbewohner einzieht, ändert sich die Struktur der gesamten Wohnung. Es ist unausweichlich – allerdings hat man als Eltern zumindest im Vorfeld (und auch danach) in der Hand, was diese spezielle Person mitbringen darf. Ein Baby ändert also nicht nur die emotionale Ebene, sondern auch die sachliche. Das Aussehen des Wohnraums verändert sich, wenn das Baby zu Hause einzieht. Manchmal ein wenig, manchmal auch stärker – je nachdem, wie sehr die Eltern sich vor der Geburt dem Kaufrausch hingeben.

Eine »Ja«-Umgebung für Groß und Klein

Einen großen Einfluss hat auch, wie sehr sich die Eltern darauf einlassen, ihren Kindern die gesamte Wohnfläche als Spielraum zur Verfügung zu stellen. Eines ist auf jeden Fall sicher: Wer dem Chaos keinen Einhalt gebietet, wird aufräumen müssen. Viel aufräumen. Babys verursachen aktiv noch recht wenig Chaos außer der Tatsache, dass sie natürlich das Leben ihrer Eltern um 180 Grad drehen. Aber erst als losrobbende Babys und sich hochziehende Kleinkinder räumen sie dann selbstständig die Wohnung um.

Kann man das verhindern? Nein, natürlich nicht. Aber man kann versuchen, es zu kontrollieren – mit etwas Minimalismus im Hinterkopf. Mit weniger Kram im Haus schafft man zudem eine Ja-Umgebung für das Kind. Denn je mehr zerbrechliches oder empfindliches Zeug rumsteht, umso öfter wird man »Nein« rufen, wenn sich das Kind in einem stetig schneller werdenden Tempo darauf zubewegt.

Wie viel Konsum muss sein?

Als Eltern beginnt man wohl mehr zu hinterfragen, auch seinen eigenen Konsum. Vielleicht muss man das 2019 sogar konsequent tun und es als eine der großen persönlichen Aufgaben begreifen, wenn man seinen Kindern eine funktionierende Welt hinterlassen will. Es ist ein Prozess – und der kommt im Umkehrschluss der Wohnung zugute.

Ich persönlich entferne mich schon seit vielen Jahren langsam, aber sicher vom ausschweifenden Konsum. Anfangs war das noch ein unmerklicher Prozess. Er war eher durch eine innere Verweigerung zu spüren, nicht mehr unbedingt dieses oder jenes Teil kaufen zu müssen. Mittlerweile hat die Sache Fahrt aufgenommen. Wir haben als Familie in den letzten Jahren immer wieder aussortiert und uns von vielen Dingen getrennt. Zweimal im Jahr machen wir schon lange einen Kinderflohmarkt, um nicht mehr benötigte Klamotten und ungeliebtes Spielzeug loszuwerden.

Das hat natürlich den Grund, dass wir in den letzten vierzehn Jahren immer mehr Menschen geworden sind, die auf der gleichen verfügbaren Fläche leben wollen. Das ist nicht immer leicht, aber es geht für uns gut. Ich habe das Gefühl, dass wir aktuell mehr Platz zur Verfügung haben als vor drei Jahren. Und das, obwohl wir mittlerweile zu sechst sind.

Über die Jahre wurden alle Zimmer optimiert. Es wurde umgestellt, umgebaut, umarrangiert – vor allem aber wegrationalisiert. Statt mehr Stauraum zu schaffen, haben wir angefangen, gründlich auszusortieren. Es war ein langer Prozess – und ist es noch. Wir haben uns gestritten. Über vermeintliche und echte Lieblingsstücke. Übers Sammeln und Horten. Ich habe zwei Regalmeter Schallplatten verkauft, von denen ich mich lange nicht trennen konnte. Es fühlt sich erstaunlich okay an. Wir haben Bücherregale rausgeschmissen, die Bücher verschenkt, verkauft und dem Bücherbaum vor Ort zukommen lassen.

FÜNF TIPPS FÜR ORDNUNG IM CHAOS

Wer sich schon vor der Geburt etwas erschlagen fühlt von all den Dingen, die sich mit Kindern anhäufen, kann aus den fünf Tipps für mehr Ordnung im Chaos sicher die eine oder andere Inspiration mitnehmen.

- **Langsam anfangen:** *Wenn man aussortieren und aufräumen möchte, kommt schnell das Bedürfnis auf, alles auf einmal erledigen zu wollen. Doch gerade im neuen Familienalltag ist exakt das gar nicht möglich. Während der Schwangerschaft sind viele Mütter hormonell beeinflusst im Nestbautrieb, was zum Umräumen und Entrümpeln führen kann – oder dem Gegenteil. Und nach der Geburt sind andere Sachen relevant. Also gar nicht erst anfangen? Nein, aber mit kleinen überschaubaren Projekten beginnen. Die aussortierte Küchenschublade hinterlässt im besten Fall ein so gutes Gefühl, dass man Lust bekommt, mehr zu machen. Vieles lässt sich im Internet verkaufen, auch Flohmärkte sind super. So einiges kann man auch einfach in eine Verschenken-Kiste vor die Haustür stellen.*

- **Neu nur gegen alt:** *Das mit dem Aussortieren ist eine Sache, die bisweilen größere Herausforderung ist es, nicht wieder zu viele neue Dinge anzuhäufen. Hilfreich kann da die »Regel« sein, dass erst eine Sache gehen muss, bevor eine neue einziehen darf. Das kann man auch Kindern ganz gut erklären. Und hochwertige Sachen kaufen oder sich schenken lassen. Dann halten manche Kleidungsstücke oder Spielzeug tatsächlich auch drei oder mehr Kinder lang.*

- **Fehlkäufe anerkennen:** *Natürlich ist es am sinnvollsten, Fehlkäufe ganz zu vermeiden. Aber das klappt nicht. Gerade bei kleineren Kindern ist nicht absehbar, was wirklich ihr Interesse weckt. Manchmal wird selbst das absolute Lieblingsspielzeug aus dem Kindercafé nicht mal mehr angeschaut, wenn es neu gekauft im Kinderzimmer steht. Es dauert meist etwas, bis man es schließlich etwas wehmütig ver-*

kauft. Natürlich mit ein bisschen innerlichem Ärger, dafür so viel Geld ausgegeben zu haben. Aber die Kosten würden letztlich weiter »steigen«, wenn man solche Staubfänger behält. Sie beanspruchen Raum und kosten Zeit, in der man sie immer wieder auf- und wegräumen muss.

- **Der Vater als Geschenkepolizist:** *Gerade zu Weihnachten und an Geburtstagen ist es in vielen Familien ein großes Thema: Es werden Dinge geschenkt, die weder gebraucht noch gewollt sind. Natürlich geschieht dies mit der guten Absicht, den beschenkten Menschen eine Freude zu machen. Und es ist wirklich nicht einfach, jemanden mit dieser guten Absicht zu sagen, dass es trotzdem nicht passt. Hier kommt man nur mit echter Ehrlichkeit weiter. Sonst folgen noch viele »unsinnige« Geschenke. Und je älter die Kinder sind, umso schwieriger ist es, diese Dinge einfach »auszusortieren«. Denn Kinder können immer alles »gebrauchen«. Besser: In Erlebnisse und Ausflüge investieren, nach dem Motto: Zeit statt Zeug.*

- **Keine Galerie eröffnen:** *Anfangs haben wir von unserem ersten Kind noch jedes kleine Mal- oder Bastelprojekt aufgehoben. Da wussten wir noch nicht, wie viele da noch kommen. Gerade Kunstwerke jeder Art werden von Kindern gern verschenkt und in Kita und Schule am laufenden Band produziert. Und man möchte diese schon allein aufgrund der liebevollen Geste nicht einfach so entsorgen. Aber ganz ehrlich: Wenn wir alles aufheben würden, müssten wir eine eigene Kunsthalle dafür anmieten. Es bleibt also nichts anderes übrig, als regelmäßig auszusortieren. Und wenn das schwerfällt: Fotos davon machen.*

Minimalismus für Familien

Je weniger Sachen wir haben, umso einfacher ist das Aufräumen. Die Kinder haben trotzdem noch reichlich Spielzeug, was wir ihnen auch von Herzen gönnen. Und so manches kommt immer wieder dazu, weil Interessen sich verändern. Die Frage »Brauche ich (oder das Baby) das wirklich? Verbessert oder bereichert es unser Leben?« darf man sich nicht nur als Eltern stellen.

Ich freue mich darüber, dass die Familie mittlerweile nicht mehr hemmungslos Dinge schenkt und schickt, sondern vorher fragt, was benötigt wird. Wir versuchen, gute und langlebige Sachen zu kaufen. Das zahlt sich fast immer aus. Und die kleine Hose, die alle vier Kinder in ihrem ersten Lebensjahr anhatten, hat einen wirklich guten Job gemacht. Qualitativ hochwertige Sachen halten länger, funktionieren besser oder man erfreut sich einfach mehr an ihnen. Entscheidend ist aber letztlich immer die Frage, ob wir etwas wirklich brauchen.

Und ja, es ist wirklich gruselig, dass wir uns in unserer Überflussgesellschaft Gedanken machen, wie wir gegen das »Zuviel« arbeiten können, während andere nicht mal das Nötigste haben. Man kann diese ganze Minimalismus-Idee sicherlich mit einer »Denen geht es wohl zu gut«-Phrase abtun. Aber sich keine Gedanken zu machen verändert am Ende auch nichts.

WENN DAS BABY UNTRÖSTLICH WEINT

Es ist für Eltern jedes Mal aufs Neue eine anstrengende Situation, wenn das Baby schreit. Und das Baby wird schreien, das ist sicher. Nicht jedes Mal aus tiefstem Herzen und in größter Not. Aber jedes Mal fühlen sich die Eltern aufgerufen, etwas an irgendeiner misslichen Lage zu ändern. Schreien hat natürlich unterschiedliche Qualitäten und wird unterschiedlich wahrgenommen – auch abhängig davon, wie häufig das eigene Baby in der eigenen Wahrnehmung schreit. Meist ist es eher ein Meckern, ein Jammern, ein beginnendes Weinen und kein tatsächliches Schreien. Aber es ist immer ein Grund, sich als Eltern sofort darum zu kümmern. Denn das Baby kann sich nicht anders artikulieren als durch diese Laute.

Häufige Ursachen: Hunger, Durst, volle Windel, zu viel Stress

Meist hat das Baby Hunger oder Durst, wenn es zu weinen beginnt. Oder die Windel ist vielleicht voll. Oder es gab in den Stunden vorher zu viel neuen Input durch Besucher oder ausgiebige Spaziergänge in hektischen Umgebungen. Geht das Ganze in ein untröstliches Weinen über, nachdem diese Grundbedürfnisse gestillt wurden, sucht es in aller Regel Nähe und Geborgenheit. Und die bekommt es eher nicht im Kinderwagen oder Babybettchen, sondern auf dem Arm der Mutter oder des Vaters. So anstrengend das ist, aber in vielen Fällen beruhigt sich das Baby eben nur, wenn es im geschütztesten Bereich ganz nah bei den Eltern ist. Häufig hat hier selbst der Vater das Nachsehen. In solch anstrengenden Phasen mit einem untröstlich weinenden Baby ist es dann eure Mission als Vater, die ihr Baby beruhigende Mutter zu entlasten und ihrerseits zu beruhigen.

Schütteln ist lebensgefährlich

Es kann hilfreich sein, das schreiende Baby abwechselnd zu trösten, wenn es sich nicht nach kürzerer Zeit beruhigt. Als Vater sollte man daher ruhig situationsabhängig häufiger aktiv anbieten, das Baby zu übernehmen, wenn es anhaltend weint. Was man nie machen darf: ein Baby schütteln. Es besteht nicht nur die Gefahr, dass das Baby dabei herunterfällt und sich verletzt, sondern das lebensgefährliche Risiko, dadurch ein Schütteltrauma mit schwerwiegenden Folgen auszulösen. Bevor sich ein Elternteil von seinem weinenden Baby so überfordert fühlt, das er beginnt, es zu schütteln, sollte er die Situation umgehend verlassen: Leg dein Baby ab, geh aus dem Zimmer, atme durch und trink ein Glas kaltes Wasser. Das dient dazu, dem Schütteimpuls nicht nachzugeben.

Natürlich ist es für ein Kind schrecklich, alleine schreien zu müssen. Aber geschüttelt zu werden mit allen möglichen körperlichen Folgen ist noch viel schlimmer. Es ist gefährlicher, als ausnahmsweise schreiend abgelegt zu werden. Dieser Rat ist zugegebenermaßen ein bisschen nach dem Motto »Schlimmer geht immer …« gedacht, und sollte deshalb keine wiederholte »Lösung« werden.Und wenn es so sein sollte, muss das ganze Familiensystem betrachtet werden, um eine Lösung zu finden, die die Bedürfnisse von Baby und Eltern miteinbezieht. Das Elternteil, dass mehr Zeit im Alltag mit dem Baby verbringt, ist naturgemäß einem höheren Risiko ausgesetzt, in eine solche Überlastungssituation zu geraten. Vereinbart deshalb grundsätzlich, dass ihr im Notfall jederzeit telefonisch für euren Partner erreichbar seid. Gut ist natürlich, wenn es weitere Personen gibt, die in Krisenmomenten erreichbar sind.

Wenn ein Baby geschüttelt wird, wurde sicher im Vorfeld schon längst der Punkt überschritten, ab dem Eltern bereits dringend Hilfe gebraucht hätten. Nahezu alle Eltern kommen mitunter in Situationen, die sie restlos an ihre Grenzen bringen. Es ist gut, das zu wissen. Und es zu erkennen und eine Stra-

FÜR ELTERN VON BABYS
MIT HOHEN BEDÜRFNISSEN

Wenn das Baby schreit und schreit, ist schnelle Hilfe angesagt. Diese vier Links geben Infos und führen zu weiterführenden Informationen für Babys mit hohen Bedürfnissen:

- *https://www.elternsein.info/schuetteln/gefahr-schuetteln/*
- *https://elternsein.info/elternberatung/anonym-kostenlos/*
- *https://eltern.bke-beratung.de/views/home/index.html*
- *http://www.rueckhalt.de/pages/schreibabyambulanzen.php*
- *Buchtipp: Mein Schreibaby verstehen und begleiten, Anja Constance Gaca & Susanne Mierau, GU 2018*

tegie zu haben, um damit umzugehen. Allein das Wissen, dass es vielen Eltern manchmal so geht, kann sehr entlastend sein. Und ja, es ist okay, das schreiende kleine Baby zum Beispiel ins Tragetuch zu packen, sich Kopfhörer aufzusetzen oder sich mit Staubsaugen abzulenken. Wenn durch diese Maßnahmen das Stresslevel des betroffenen Elternteils sinkt, reguliert sich auch das Kind schneller, das parallel trotzdem Nähe und Körperkontakt erfährt. Patentrezepte gibt es leider keine, dafür muss eine helfende Person jedes Baby, seine Eltern und ihre gemeinsame Geschichte individuell betrachten.

Babys mit hohen Bedürfnissen

Um euch zu beruhigen: Die wenigsten Eltern oder Väter kommen dauerhaft in solch extremen Situationen. Trotzdem kann natürlich jeder Vater eines Babys werden, das mit sehr hohen Bedürfnissen zur Welt kommt. Es ist daher sinnvoll, vorher darüber nachzudenken, wen man ansprechen könnte, falls dieser Fall eintreten sollte und das eigenen Kind sich als 24/7-Baby entpuppt. Denn für diese Überlegungen hat man in der aktuellen

Situation häufig keine Kapazitäten mehr. Aber wie gesagt: Dass ein Baby schreit, ist durchaus normal.

Die Signale des Babys richtig deuten

Babys kommen zwar bereits mit vielen Kompetenzen zur Kommunikation auf die Welt. Dennoch ist es für uns als Eltern gerade anfangs häufig nicht einfach, die Äußerungen und damit verbundenen Wünsche unseres Babys und Kleinkindes zu verstehen. Erwachsene teilen ihre Bedürfnisse und Gefühle im Alltag meist recht konkret in Gesprächen mit. Die Lösung für simple Probleme wie Hunger ist schnell gefunden. Bei einem Baby ist das schon komplizierter. Je mehr Zeit du mit deinem Kind verbringst, umso besser wirst du es auch ohne Worte verstehen lernen. Seinen Hunger zeigt es zum Beispiel nämlich nicht erst durch Weinen, sondern schon durch viele kleine feine Zeichen zuvor. Es dreht den Kopf hektisch hin und her, öffnet bei Berührung den Mund, kaut auf seinen Fäustchen oder saugt an deiner Nase. Viele Signale sind eindeutig, manches lässt sich nur schwer deuten.

Ein Baby ist für die Erfüllung seiner körperlichen und emotionalen Bedürfnisse absolut auf seine Bindungspersonen angewiesen. Wir müssen es also verstehen – anfangs auch völlig ohne Worte. Eltern stehen immer wieder vor dem Weinen oder anderen Unmutsbekundungen ihres Kindes und fragen sich, was ihr Nachwuchs wohl hat. Oder das Umfeld stellt diese Frage. So hört man als Eltern von bekannten oder fremden Menschen gern mal ein »Was hat es denn?«, wenn ein Baby oder ein Kleinkind untröstlich weint.

Was hat es denn nur?

Ganz ehrlich: Oft wissen wir das selbst als Eltern auch nicht so genau. Meist spüren wir aber, was es jetzt braucht: Nähe, Trost und einfach unseren Halt auf vielen Ebenen. Das bewirkt nicht unbedingt, dass das Weinen gleich aufhört. Muss es aber auch gar nicht. Die Tränen dürfen einfach fließen, während das Kind sich gehalten fühlt. Ganz egal, warum und weshalb. Es geht immer darum, was das Kind gerade braucht. Und das darf der enge Körperkontakt sein genauso wie das »schon wieder an die Brust«. Auch das Schreien oder ein Sich-auf-den-Boden-werfen des Kleinkindes ist okay, einfach weil es damit akut seine ganze Überforderung mit einer bestimmten Situation sehr unmittelbar zeigt.

Diese Situationen, in denen das eigene Kind so verzweifelt ist und wir als Eltern den Grund nicht kennen, sind wirklich anstrengend. Bei sich zu bleiben, wenn dieser kleine Mensch im Arm außer sich ist, kostet viel Kraft. Die Emotionen von Kleinkindern sind oft nicht erklärbar oder kaum nachvollziehbar. Und nicht für jedes Verhalten findet sich eine behebbare Ursache. Wir können dann keinem Plan folgen, der konkret sagt, was jetzt zu tun ist. Aber wir können einfach da sein und spüren, was das eigene Kind gerade braucht. Die Frage nach dem Warum beantwortet sich vielleicht später – und manchmal auch gar nicht.

In diesen anstrengenden Situationen oder Phasen gilt umso mehr: Füreinander da sein, das Baby halten und sich dabei abwechseln. Also gut für sich selbst zu sorgen und die knappen elterlichen Ressourcen gut zu aufteilen.

DER ELTERNALLTAG
SPIELT SICH EIN

Nach den ersten Wochen und Monaten kommt für jeden Vater, jede Mutter irgendwann der Tag, an dem sie realisieren: Das bleibt jetzt für immer so. Da ist ein Baby, das später ein Kleinkind wird, dann in die Kita geht und zum Schulkind wird und so weiter. Dieser Mensch braucht seine Eltern, als Experten für seine Belange und Hilfspersonen für den Alltag.

Und dieser Alltag ist durchaus komplex bisweilen, weswegen die Eltern sich organisieren müssen. Es stellt sich schnell die Frage: Wer macht wann was? In den ersten Monaten ist das Baby häufig mehr bei der Mutter, bedingt durchs Stillen. Wird das Baby allein mit dem Fläschchen gefüttert, kann das anders sein – ist es im Alltag aber häufig nicht. Zum Problem wird das erst, wenn es einer der beiden Partner als Problem identifiziert.

EINE GERECHTE AUFGABENVERTEILUNG

Das Ziel sollte es sein, Probleme zu sehen und sie nicht zu Katalysatoren werden zu lassen. Als Vater heißt das, sich selbst nicht als stumpfen Helfer wahrzunehmen und sich auch so zu verhalten. Natürlich darf und soll man die Partnerin beim Stillen unterstützen, wenn sie stillt. Weil dies die eine Sache ist, die man als Mann nicht übernehmen kann. Aber alle anderen Aufgaben sind nicht an das Geschlecht oder die Rolle des Partners gebunden. Ist eine Mutter zu Hause und versorgt das Kind, ist das ein Vollzeitjob, der der Erwerbsarbeit in nichts nachsteht. Wenn man nach der Arbeit nach Hause kommt, trifft man also auf einen Menschen, der einen ebenso anstrengenden Tag hatte.

Elternschaft ist Teamarbeit

Elternschaft ist im Idealfall jeden Tag Teamarbeit. Man ist gemeinsam zuständig fürs Kind. Für die dreckige Wäsche. Die vollen Windeln. Für das herumstehende Geschirr und die Einkäufe. Für Briefe und Anträge. Für alles eben, den gesamten Alltag. Es geht darum, sich eine möglichst gute Teilung dieser Aufgaben zurechtzubauen. Das ist ein Prozess, der nie endet. Er muss immer wieder neu justiert und auch neu verhandelt werden, wenn beide Partner glücklich und zufrieden sein wollen mit ihrer Rolle als Eltern. Und diese Rolle wird bei jedem Paar, bei jedem Menschen anders aussehen.

Ein Rat kann durchaus sein, nach Vorlieben vorzugehen, um zu definieren, wer was wann macht. Es klingt banal, ist aber kein schlechter Weg. Der eine mag Staubsaugen, der andere hasst es geradezu. Für manche Väter ist Einkaufen von Lebensmitteln eine Qual, andere sehen es als entspannte Vorbereitung für das abendliche Kochen. Es gibt kein Geheimrezept außer Kommunikation an dieser Stelle. Eltern müssen reden und aushandeln, wie der Alltag laufen soll. Immer in Anerkennung der Leistung, die sie beide erbringen als Eltern ihres Kindes oder ihrer Kinder.

Maternal Gatekeeping

Wer sich als Vater einbringen will, sollte das immer tun. Und zumindest einmal den Begriff Maternal Gatekeeping gehört haben. Das meint am Ende nichts anderes als eine Partnerin, die glaubt, alles allein machen zu müssen, und stets am besten weiß, was das Kind braucht. Das fängt bei der Menge der anzuziehenden Kleidungsstücke an und hört bei der Wahl der Schule auf. Natürlich kann man sich als Mann (wenn das für einen selbst okay ist) in einem solchen Fall einfach fallen und die Partnerin machen lassen. Mit gleichberechtigter Elternschaft hat das aber wenig zu tun.

Wir alle sind »working parents«

Irgendein magischer Selbstschutz sorgt dafür, dass Eltern zumindest beim ersten Kind noch denken, dass das mit der Vereinbarkeit schon irgendwie klappen wird. Alles bleibt wie früher, das Kind läuft mit, beide Eltern machen trotzdem noch ihr Ding. Und meistens klappt das auch tatsächlich, zumindest in der Außendarstellung und Außenwahrnehmung. Aber es kostet Schweiß und Tränen, alles unter einen Hut zu bekommen. Und nicht selten die Partnerschaft. Oder man stellt einfach fest, dass unter diesem Hut nicht für alles gleichzeitig Platz ist – und man sich von manchem verabschieden muss.

Elternzeit ist toll für Menschen, die ihren Job vor der Babypause nicht besonders mochten und deshalb froh sind, sich einfach in Vollzeit um das Kind kümmern zu dürfen. Das gilt für Mütter und für Väter gleichermaßen. Und dann gibt es viele Zwischentöne. Menschen, die ihre Arbeit wirklich lieben und denen etwas fehlen würde, wenn sie über längere Zeit komplett aussetzen müssten. Sie haben vielleicht nicht den Wunsch, bis zum Anschlag arbeiten zu gehen, denn die Zeit mit dem Kind lieben sie ebenso. »Ein bisschen« arbeiten gehen nach der Geburt tut so mancher Frau gut, der Urlaubsort Büro ist nicht dem Mann allein vorbehalten.

Eltern arbeiten ohnehin irgendwie immer. Und Elternzeit ist mitnichten ein Erholungsurlaub, in dem man vor lauter Langeweile Fotos in Alben klebt und mit drei neuen Hobbys anfängt. Elternzeit ermöglicht den Raum, sich um das Baby kümmern zu können, ohne allzu viel Druck von außen. An manchen Tagen rufen Anja und ich hier wechselseitig demjenigen zu, der gerade für den Brotjob das Haus verlässt: »Komm gut erholt wieder!«

Ohne jetzt die berufliche Belastung schmälern zu wollen, aber nicht selten ist das Elterndasein die weitaus größere Herausforderung. Da sitzt man mit dem zahnenden Baby ungeduscht in der Küche und beneidet seinen Partner, der im aufgeräumten Büro die Ruhe genießt und sogar ungestört auf die Toilette gehen kann. Oder seinen Kaffee warm genießen darf. Oder ein Telefonat einfach so zu Ende führt.

Der Alltag zwischen Wickeltisch und Sandkasten besteht halt meistens nicht nur aus Kaffee trinken im Sonnenschein, auch wenn wir das alle in der ersten Schwangerschaft noch insgeheim gehofft haben. Egal, ob wir als Mutter oder Vater unsere Arbeit in Kinderzimmer, Büro oder wo auch immer machen – wir sind alle »Working Parents«. Und wir machen einen guten Job. Die faire Bezahlung dafür ist eine andere Sache.

ELTERN WERDEN – PAAR BLEIBEN

Irgendwann dämmert es den Paaren, die gemeinsam ein Kind bekommen: Es ist nicht ganz so einfach, dort weiterzumachen, wo man vor der Geburt des Kindes aufgehört hat. Denn diese Zeit ist Vergangenheit – und die neue Ära erfordert neue Strategien. Sind zwei Menschen gemeinsam zu Eltern geworden, vereint sie das kleine Wesen, das jeden Tag größer wird, für den Rest des Lebens. Das gilt für eine glückliche Beziehung bis ans Lebensende ebenso wie für jene Paare, die aus welchen Gründen auch immer getrennte Wege gehen. Das Kind bleibt. Immer. Und wer es gern gemeinsam aufwachsen sehen möchte, kann durchaus etwas dafür tun, die Beziehung zu erhalten.

Gute Kommunikation

Elternwerden ist die größte Veränderung im Leben eines jeden Menschen. Es ändert alles: uns, unsere Beziehung und unseren Alltag. Gib dir selbst und deiner Partnerin Zeit dafür, diesen Umstand zu begreifen. Zu diesem Prozess gehören alle denkbaren Emotionen zwischen größtem Glück und tiefster Enttäuschung – und zwar jeweils individuell und gemeinsam als Paar. Es wird passieren und darf sein, wenn man eines parallel macht:

miteinander darüber sprechen. Denn wenn **gute Kommunikation** existiert, nimmt sie möglichen Problemen den Raum zur freien Entfaltung.

Existent ist Kommunikation sowieso immer. Eltern sollten diesen Umstand schnell verinnerlichen. Eine abgewandte Körperhaltung etwa sagt mehr als viele Worte. Gerade Mütter und Väter verlieren, insbesondere beim ersten Kind, ihre gelernten Kommunikationsstrategien aus den Augen. War es vor der Geburt möglich, beim Serienabend oder gemeinsamen Dinner mit Freunden in Ruhe ausgiebig zu quatschen, sehen Gespräche mit einem drei Monate alten, quengeligen Baby auf dem Arm nach einer schlaflosen Nacht anders aus. Kurze Kommandos statt kunstvollem Diskurs. Manchmal kommt lediglich ein genervter Blick der Frau, warum der Mann nicht von selbst gecheckt hat, dass es wichtig gewesen wäre, das Baby zu übernehmen.

Wenn Blicke Bände sprechen

Selbst wenn ihr als Eltern wenig oder gar nicht redet, euch vielleicht allein durch Blicke verständigt, kommuniziert ihr trotzdem miteinander. Ein gutes Gefühl hinterlässt das selten. Nur wer es schafft, eine empathische und respektvolle Gesprächskultur wiederherzustellen, die sinnvollen Streit ermöglicht, wo er wichtig ist, wird dieser Abwärtsspirale entkommen. Es ist sicherlich deutlich erkennbar, wie zentral es für Eltern ist, miteinander zu reden, wenn sie gemeinsam Eltern sein und bleiben wollen.

Das größte Problem sind die ungerechten Umstände. Schlafmangel und Erschöpfung sorgen quasi automatisch für ein raueres Kommunikationsklima. Und im Mittelpunkt ist immer das Baby, um das sich alles dreht. Es raubt einem die Möglichkeit, mit aller Zeit der Welt die eigenen Gedanken und Gefühle in Gänze zu formulieren und auszusprechen. Besonders gemein: Gerade jetzt, in dieser Zeit der großen Veränderungen, wäre genau das am wichtigsten.

Mit Humor geht es besser

Häufig hilft, mal wieder: Das Ganze mit Humor nehmen. Lieber einmal mehr über sich selbst lachen, als es zu ernst und zu verkopft anzugehen. Es ist alles eine Phase, fast immer: der wenige Schlaf, die dreckige Wohnung, die mangelnde Selbstfürsorge, die fehlenden Gespräche, die nicht existierende Zweisamkeit. Wenn man es schafft, gemeinsam einen Ausblick in die Zukunft zu wagen, in der das alles wieder möglich sein wird, hilft das häufig dabei, das gegenwärtige Chaos besser zu ertragen. Und genau darauf kommt es in Krisensituationen immer wieder an: Den Umstand, dass es gerade einfach nicht besser geht, partnerschaftlich und mit Haltung zu ertragen.

Wer akute Hilfe braucht, sollte vor die Tür gehen, gern auch gemeinsam. Baby ins Tragetuch packen und spazieren gehen. Häufig beruhigt sich ein gerade noch aufgebrachtes Baby dann und man selbst kann sich einen Kaffee holen und herumlaufend etwas reden. Das geht auch allein, dann kann der andere zu Hause vielleicht ein bisschen Chaos beseitigen oder mal in Ruhe duschen.

Es kommt aufs Zuhören an

Wenn es zu Gesprächen kommt, ist die größte Herausforderung in der Kommunikation mit dem Partner das besonnene Zuhören, ohne zwischendrin Kommentare loszulassen, die schnell falsch verstanden oder gar als Angriff gewertet werden. Wenn hier selbst konkrete Vereinbarungen zu Gesprächszeiten nicht helfen, kann man dem Partner die eigenen Gedanken auch aufschreiben und um eine Antwort bitten. Beim Schreiben schaffen es viele Menschen, ihre Gedanken besser zu ordnen. Und so lässt sich vielleicht ein Weg kreieren, auf dem gute Kommunikation wieder möglich wird. Denn wie gesagt: Genau diese gute Kommunikation ist wohl der wichtigste Garant dafür, dass eine Beziehung zwischen Eltern eine Paarbeziehung bleibt und nicht allein eine Zweckbeziehung wird, die dann irgendwann genau daran zerbricht.

Einen Ausgleich finden

Für viele Menschen sind **Zeit und Zeitmanagement** schon vor dem Elternwerden ein riesiges Thema. Immer meint man, man habe zu wenig davon. So viele Optionen, so viele Dinge, die jeden Tag zu erledigen sind. Wie kann ich mich optimieren, wie noch mehr schaffen? Viele Unternehmen und Chefs fordern diese Denke von ihren Mitarbeitern. Und dann kriegt man ein Kind. Und merkt, wie viel Zeit früher einmal war. Das sagen alle Eltern. Ich kenne keinen Vater, keine Mutter, die behaupten würden, vor dem Kind wäre weniger Zeit gewesen. Klar, manchmal ziehen sich die Stunden und Tage in die Länge, wenn man die Care-Arbeit mit dem Baby allein und ohne großes soziales Umfeld bewältigen muss. Aber fast immer haben alle Eltern zu viel um die Ohren.

Damit das nicht zum Problem wird, muss man sich gerade als Eltern auf den Partner verlassen können. Und man muss Absprachen treffen, die verlässlich sind und eingehalten werden. Ein Großteil der Väter geht in den Wochen nach der Geburt wieder arbeiten. Zu Hause übernimmt die Partnerin den Vollzeitjob Mutter und hütet das Baby. Wenn man als Partner sagt: »Ich bin um 17 Uhr wieder da!«, kommt genau diese Botschaft an. 17 Uhr. Nicht 17.20 Uhr. Oder 18.30 Uhr.

Früher (also in dem Leben, als Zeit relativ egal war) hat es für die meisten vermutlich keine Rolle gespielt, ob jemand ein bisschen zu spät nach Hause kam. Aber wer sich seit vielen Stunden allein um das Baby gekümmert hat, wartet sehnsüchtig und mitunter verzweifelt auf die Entlastungsperson. Hier spielt übrigens wieder der Faktor rein, dass man als Mann nicht nach Hause kommen sollte mit der Idee, im Büro einen harten Tag gehabt zu haben. Mag so gewesen sein, aber der Tag zu Hause war vermutlich genauso hart. Oder härter. Und Verantwortung fürs Baby und das Drumherum tragen beide Partner. Immer. An manchen Babytagen kommt man als Betreuungsperson kaum dazu, sich vernünftig anzuziehen, etwas zu essen oder ausreichend Körperpflege zu betreiben. Manchmal will ein Baby nicht vom Arm und kreischt sofort los, wenn nur die Krabbeldecke am Fußboden in Sichtweite gelangt. Das ist gut für die Muckis in den Armen (und schlecht für den Rücken) – aber es ist ein echtes Problem. Ich weiß, auch aus eigener Erfahrung, dass man irgendwann beginnt, die Minuten bis 17 Uhr zu zählen. Manchmal schon nach dem Mittagsschlaf, der zu kurz oder völlig ausgefallen war. Und manchmal auch als derjenige, der aus dem ruhigen Büro zurück ins Babychaos »muss«. Hier hilft manchmal noch eine kurze Extrarunde um den Block oder ein Espresso im Lieblingscafé, bevor es nach Hause zum bedürftigen Baby und der ebenso bedürftigen Partnerin geht.

Flexibilität macht alles leichter

Das Zeitmanagement gilt nicht nur für jene Momente, in denen die Eltern getrennt voneinander unterwegs sind, sondern auch, wenn sie gemeinsam an einem Ort mit dem Baby sind. Aufgaben müssen verteilt werden, die nicht selten kaum planbar sind. Wer wann wickelt, lässt sich nicht per Strichliste fair aufteilen. Jedes Baby hat sein eigenes Ausscheidungs- und Schnodderpensum. Es wird sich nach und nach zeigen, wer von euch welche Handgriffe mehr oder weniger gern übernimmt. Natürlich ist es toll, wenn beide Eltern alles können und wollen. Aber sinnvoll ist es, sich Aufgaben einzuteilen, um Ressourcen zu schonen oder verbrauchte neu aufzuladen.

Ganz wichtig: Dieses Zeitmanagement verändert sich mit dem Alter des Kindes ständig, manchmal binnen weniger Wochen. Es kommen neue Aufgaben hinzu, andere fallen weg. Die Zuständigkeiten müssen immer gut verteilt werden. Neue Herausforderungen warten mindestens im Monatstakt – und nicht nur für die Babys und Kleinkinder. Auch Veränderungen im Berufsleben der Eltern müssen mit dem Familienalltag neu synchronisiert werden.

Eine schöne Erkenntnis nach 14 Jahren Vatersein: Es ist erstaunlich, wie viel man schaffen kann mit etwas Planung und Organisation. Und der Verbindlichkeit, die Termine mit den Kindern auch einhalten zu müssen. Das erfordert nicht selten spontanes Handeln und einiges an Flexibilität. So gut es ist, gemeinsame Kalender zu führen, digital und am besten auch noch einen sichtbar am Kühlschrank, so häufig wird man mittags die Planung umschmeißen müssen, weil das Kleinkind sich in der Kita-Garderobe übergeben hat.

Die Verantwortung gerecht verteilen

Dann kommt die große Frage: **Wer ist zuständig? Wer hat mehr gemacht die letzten Tage oder Stunden?!** Heute nehmen sich die meisten werdenden Eltern vor, dass sie sich alle anfallenden Aufgaben so aufteilen, dass jeder ungefähr die Hälfte macht. Meine Erfahrung ist: Es ist eine Illusion, dass das Fifty-fifty-Modell präzise funktioniert. Nicht jeden Tag lässt sich alles gleichberechtigt aufteilen – aber es sollte nie darauf hinauslaufen, dass sich einer der Partner wesentlich mehr verausgabt als der andere. Auch wenn sich eine Art Gesamtbilanz nie wird aufstellen lassen, ohne dass es sehr viel Zeit kostet, ist es sinnvoll, sie als Idee im Blick zu behalten.

Die Probleme fangen schon bei der Definition von Arbeit an. Manch einer nimmt seinen Brotjob nicht mal als Arbeit wahr, sondern ist mit Passion als Bauer auf dem Feld, als Arzt im

OP oder als Journalist im stillen Kämmerlein. Man sollte aber nie vergessen, dass eben nicht nur der Job, mit dem das Geld verdient wird, reale Arbeit ist. Die Versorgung und Begleitung der Kinder ist vielfach die Arbeit, die mehr fordert, insbesondere emotional betrachtet. Das Spielen mit dem Kind ist manchmal irre schön und entspannend. Es kann aber auch an manchen Tagen wahnsinnig nerven, zum 73. Mal die Holzbausteine aufzuschichten oder das mittlerweile verhasste Kinderbuch mit drei Zeilen infantilem Text vorzulesen (siehe auch S. 148). Es ist eine Wahrnehmungsfrage. Jeden Tag aufs Neue. Und ohne dass der eine in der beruflichen Abwesenheit gerade den Elternjob übernimmt, wäre das andere nicht möglich. Das Geld verdienen also somit irgendwie immer beide zusammen. Die Wahrnehmung ist dennoch oft eine ganz andere.

Wenn der Partner frisch geduscht und gut gekleidet morgens zu seinem (vermeintlich) viel interessanteren Job aufbricht, kann das für den in der »Babyeinsamkeit« zurückbleibenden Partner tatsächlich schlimm sein. Natürlich ist das Büro nicht der einsame Strand auf Korsika. Auch der Partner mitten im Berufsleben erlebt dort Überforderung, hadert mit Existenzängsten oder dem Umstand, einen großen Teil des täglichen Familienlebens unwiederbringlich zu verpassen. Wird hier nicht durch Gespräche oder konkretes Umsortieren der Tagesaufgaben entgegengesteuert, kann sich das Problem verschärfen.

Es gibt keine einfachen Lösungen

Die schlechte Nachricht am Ende: Eine einfache Lösung gibt es in dieser Hinsicht leider nie. Zu viele zu individuelle Faktoren spielen hier eine Rolle. Es hilft allein eine größtmögliche Flexibilität, sowohl faktisch als auch in der Fähigkeit, sich als Paar zu erlauben, quer zu denken, um die Ecke und dann nochmal von hinten durchs Auge. Denn es gibt fast immer eine Lösung, man muss sie »nur« finden.

Es lässt sich allerdings niemals alles auf einmal ändern, aber oft haben kleine Veränderungen eine große Wirkung. Der erste Schritt ist es dabei immer, miteinander zu reden und die Karten so offen es irgend geht auf den Tisch zu legen. Womit sich der Kreis schließt: Es geht immer um möglichst gute und ehrliche Kommunikation. Gemeinsame Elternschaft ist kein Wettbewerb, wer zuerst zusammenbricht. Es geht darum, die vorhandenen Ressourcen gut aufzuteilen. Es ist doch schließlich wirklich wertvoll, dass es da zwei Menschen gibt, die beide daran interessiert sind, es als Familie hinzukommen. Also lieber diese vereinten Kräfte von Anfang an bündeln und sinnvoll aufteilen, als später aufzurechnen, wer mehr oder weniger gemacht hat.

Sex nach dem Baby

Über die nächste Sache wird generell viel zu wenig geredet, immer noch. **Sexualität** ist in vielen Partnerschaften auch heutzutage ein weniger offen debattiertes Thema, als es Werbung und Medien darstellen. Und das ändert sich nach der Geburt eines gemeinsamen Kindes nicht selten noch einmal. Das ist schade, wo doch gerade auf diesem Gebiet großer Redebedarf besteht. In den Monaten nach der Geburt wird sich die gemeinsam erlebte Sexualität in der Regel deutlich verändern. Bis der erste Sex nach der Geburt stattfindet, vergehen nicht selten Monate.

Meist haben die Frauen hormonell bedingt selten und manchmal auch überhaupt kein Verlangen nach Sexualität. Umgekehrt geht das Männern häufig nicht so, weshalb sie es in den meisten Fällen sind, die den ersten Sex nach der Geburt einfädeln. Das klingt fürchterlich verkopft – und das ist es auch: Es ist ein Kopfding. Es hilft, sich von der Vorstellung zu lösen, schon kurz nach der Geburt wieder so tollen Sex zu haben wie davor. Diese Fantasie ist sowieso unzutreffend, weil auch kinderlose Paare nicht jeden Abend hemmungslose Liebesabenteuer höchster Qualität erleben. Aber das wisst ihr vermutlich selbst.

Trotzdem bereitet die Sexualität nach der Geburt vielen werdenden Eltern schon im Vorhinein einige Sorgen. Aber jenseits aller kursierenden Zahlen bedeuten diese für jedes einzelne Paar gar nichts. Ihr solltet also vor allem auf euch selbst schauen in dieser Sache, über die Befindlichkeiten und Wünsche mit der Partnerin offen reden und darauf vorbereitet sein, dass es nach der Geburt anders kommt oder jeden Tag wieder anders ist. Das wird schon während der Schwangerschaft so gewesen sein, in der es auch immer wieder Phasen gibt, in denen die Frau keine Lust auf Sex hat, weil sich ihr Körper äußerlich verändert, innerlich die Hormone verrückt spielen oder einem die Schwangerschaftsübelkeit jeglichen Spaß nimmt. Hier gilt: Am besten einfach in Ruhe lassen. Es kommen wieder bessere Zeiten.

Es gibt ein paar Hürden

Wenn das Kind geboren ist, behindern potenziell einige Faktoren das Erleben von Sexualität. Wenn bei der Frau Geburtsverletzungen wie ein Dammriss, ein Riss im Scheidenbereich oder eine Kaiserschnittnarbe vorliegen, können Schmerzen ein Problem sein. Aber auch eine wie auch immer traumatisch erlebte Geburt ohne sichtbare Verletzungen kann dazu führen, dass Frauen keinerlei Berührung an ihren intimen Stellen tolerieren. Das trifft häufig auch auf die Brust zu, die nun durch das Stillen Tag und Nacht sehr beansprucht wird. Frauen nehmen sie während der Stillzeit meist nicht als sexualisierten Teil ihres Körpers wahr, auch Monate später nicht. Auch hier gilt: Ehrlich reden und nachfragen, allerdings ohne Druckszenarien aufzubauen. Auch der permanente Schlafmangel ist ein Lustkiller. Nicht wenige Paare denken nach der Geburt bei der Sichtung eines Bettes oder Sofas nie an Sex, sondern immer an Schlaf. Völlig okay, wird auch wieder besser. Versprochen.

Es gibt zahllose Faktoren, warum sich die sexuelle Lust nach der Geburt des Kindes verändert. Hormone sorgen bei vielen

Frauen nach der Geburt für eine vaginale Trockenheit, die den Geschlechtsverkehr unangenehm machen kann. Gleitgele können hier eine Linderung schaffen, wenn das gewünscht ist. Auch bei Vätern verändert sich die hormonelle Lage nach der Geburt und auch schon während der Schwangerschaft. Der Prolaktinspiegel steigt etwas an und das Sexualhormon Testosteron ist weniger präsent. Dies fördert das Fürsorgeverhalten der Väter gegenüber dem Baby.

Es ist, sorry für die erneute Wiederholung, gerade im Kontext Sexualität enorm wichtig, offen und ehrlich im Gespräch zu bleiben. Nicht jeden Tag, aber immer dann, wenn es Thema wird. Und auch wenn die Geburt erst kurze Zeit her ist, sollte das Thema Verhütung ebenfalls angesprochen werden. Denn natürlich kann eine Frau sogar bereits im Wochenbett wieder fruchtbar sein. Das kommt gerade in der ausschließlichen Stillzeit aufgrund der hormonellen Lage zwar selten vor, ist aber nicht ausgeschlossen.

Das »erste Mal« nach der Geburt ist für alle Paare ein besonderes Erlebnis, dem man ohne Hektik, einfühlsam und ohne Erwartungsdruck begegnen sollte, auch wenn der Wunsch nach einer erfüllten Sexualität vielleicht schon wieder sehr groß ist. Natürlich kreiert Sexualität Wohlbefinden, Befriedigung und eine große Nähe zueinander. Die Qualität der Paarbeziehung ist unmittelbar mit ihr verknüpft. Aber es wird eine Durststrecke geben. Ihr werdet sie gemeinsam gut meistern, wenn ihr euch als Paar nach und nach ein bisschen Zweisamkeit und Intimität zurückerobert. Irgendwann schläft das Baby bestimmt mal. Und wenn es dann doch mitten im Akt aufwacht, hilft wieder nur Humor und die Gewissheit, dass es demnächst bestimmt mal klappt.

Die Beziehung verändert sich

Wer es ganz unsentimental braucht, liest mal beim Familientherapeuten Jesper Juul vorbei, der es folgendermaßen formulierte: »Nicht das Kind zerstört die Paarbeziehung, sondern die nostalgische Einstellung der Erwachsenen zu einer Art von Beziehung, die unwiderruflich vorbei ist.« So deutlich will man das vielleicht nicht hören, aber es ist durchaus hilfreich, genau das zu erkennen. Es geht weiter. Anders. Wer es anerkennt und den Alltag justiert, wird es dann auch wieder gut und spannend wie vorher finden. Nur eben anders. Es ist wichtig, klarer als je zuvor zu verstehen, dass die gemeinsame Sexualität langfristig sehr wichtig ist, aber nur ein Aspekt einer funktionierenden Paarbeziehung bleibt.

Und es ist kein Zeichen von Schwäche, sich bei anhaltenden Schwierigkeiten in der Paarbeziehung Unterstützung zu holen. Gerade Paare, die dies tun, kriegen ihre Probleme eher geregelt als diejenigen, die es lange Zeit stillschweigend hinnehmen, wenn es nicht gut läuft. Natürlich ist auch ein Kind kein Garant für eine ewig glückliche Paarbeziehung, aber es ist zumindest eine gute Motivation, Lösungen für Probleme zu suchen. Denn ab jetzt seid ihr zumindest als Eltern ein Leben lang durch euer Kind miteinander verbunden. Und damit haben wir als Eltern auch eine Verantwortung, es wie auch immer miteinander gut hinzubekommen.

DAS LEBEN DER ANDEREN

Eltern sind zum Glück schon rein statistisch nicht allein. Es gibt viele andere Kinder, jedes Jahr werden Hunderttausende geboren. Das sichert potenzielle Weggefährten für Väter und Mütter – und eröffnet immer wieder die Möglichkeit, neue Freundschaften zu schließen. Es wird in der Regel aber auch manche Freundschaft kosten.

Denn wenn Paare Eltern werden, ändert sich zwangsläufig ihr Lebensrhythmus, ohne dass sich bei den Freunden viel ändert. Die Tanzfläche des Lieblingsclubs, über die man noch vor zwei Jahren gemeinsam bis morgens um fünf geschwebt ist, wird man als frisches Elternpaar selten bis gar nicht zu Gesicht bekommen. Selbst Menschen mit viel Energie geraten hier schnell an ihre Grenzen.

Manche versuchen auch, diese Grenzen zu verschieben. Ich weiß von einem Paar, das sein Kind im Kombi bei leicht geöffnetem Fenster nachts vor einem Berliner Club geparkt hat mit Babyfon drin, um wenigstens mal kurz tanzen gehen zu können. Ich finde das bis heute erschreckend. Diese kleine Geschichte allerdings wird von Menschen ohne Kinder gern mal als cool und lässig gefeiert – und gerade Männer geraten hier schnell in Versuchung zu denken, so was wäre locker möglich. Man will ja auf gar keinen Fall ein uncooler Daddy sein, ne! Aber bitte, das ist einfach keine gute Idee. Im Regelfall ist es aber nicht locker möglich. Vater zu werden heißt nicht, zum beschwipsten Helferlein der Partnerin zu werden und morgens nach dem Feiern ein paar Einkäufe vom Wochenmarkt mitzubringen. Man muss jeden Tag Verantwortung übernehmen. Und nicht nur zuarbeiten, sondern selbermachen.

Mit Blick auf die anderen Eltern, aber auch die Nichteltern, werdet ihr eine Menge Input bekommen über den Austausch auf Spielplätzen, in Krabbelgruppen oder beim Babyschwimmen. Es werden Unterstützer und Verunsicherer dabei sein. Ihr werdet

Bestärkung erfahren auf eurem eigenen Weg und Widerstand, was auch immer ihr macht. Ihr habt keine andere Chance, als euren eigenen Weg zu finden, die besten Eltern für eurer Kind zu werden. Ihr seid selbst die Experten für das eigene Kind – und du bist der beste Vater der Welt für dein Baby.

Vor dem ersten Kind haben die meisten Menschen zwar eine Vorstellung davon, wie das Leben mit Kindern so sein könnte. Wie es dann wirklich sein wird, weiß aber niemand. Und vor allem kann es einem auch niemand vorab wirklich erklären. Klar, vieles vereint uns als Eltern. Und bestimmte Situationen und Emotionen kennen die meisten von uns. Und doch ist und läuft es für jede Familie anders.

Du wirst Menschen hören, die davon reden, dass deine Vorstellungen unrealistisch sind. Das stimmt vielleicht, aber du musst und wirst es am Ende nur selbst herausfinden können. Die Inspiration kann man mitnehmen. Die meisten Eltern schmiedeten vorab Pläne, die dann doch nicht so ganz zur Realität passten. Letztlich wissen es aber auch Eltern nicht unbedingt besser, nur weil sie bereits Kinder haben. Denn was sagt das Leben mit meinen Kindern über das Leben mit deinen Kindern aus? Stimmt, absolut gar nichts.

Trotzdem ist es toll, wenn man mit anderen Vätern über schlaflose Nächte, kreischende Kinder, verwüstete Wohnzimmer und verdreckte Autorückbänke jammern kann. Es fühlt sich alles leichter an, wenn man solche Sachen mit jemandem besprechen kann, der in der selben Situation steckt. Und dann gemeinsam darüber lacht. In diesen Momenten fühlt man sich gesehen und verstanden. Eltern tut es gut zu hören, dass wir es irgendwie gut machen und dass das Leben mit Kindern bisweilen anstrengend ist.

Manche Väter gehen direkt nach der Geburt wieder arbeiten, weil sie vielleicht gerade einen neuen Job angefangen haben. Andere können mehrere Monate Elternzeit nehmen. Manche Familien reisen durch die Welt in dieser Zeit. Andere versuchen einfach nur im Alltag mit ihrem Baby mit besonders hohen Bedürfnissen zurechtzukommen. Und auch jenseits der Babyzeit sind die auf uns Eltern zukommenden Herausforderungen so unterschiedlich, wie es Menschen und Lebensumstände nun mal generell sind.

Vergleiche dich also nicht mit anderen, das ist echt relativ sinnlos. Du erlebst ohnehin immer nur einen Ausschnitt aus deren Leben. Jeder Vater hat sein eigenes Päckchen zu tragen, jede Mutter. Das sieht man nur nicht immer. Lass dich vielleicht inspirieren von guten Ideen, die auch für den eigenen Familienalltag passen könnten. Aber lass dich nicht unter Druck setzen. Überhöre und überlies großzügig verletzende Kommentare – die Probleme dieser Menschen liegen nicht bei dir.

UND ICH?! MISSION SELBSTFÜRSORGE

Natürlich bleibt man auch als Vater und in einer Partnerschaft ein Individuum – das ist ebenso wichtig wie selbstverständlich. Als Paar hat man in der Regel zueinandergefunden, weil man den anderen um seiner selbst willen interessant und attraktiv fand. Es ging um seine Person, seine Aktivitäten, seinen Intellekt und sicher auch um das Aussehen. Jedenfalls ging es immer darum, jemanden zu finden, der zu einem selbst passt.

Wenn ein Paar ein Kind bekommt, wird diese Zweisamkeit gestört – und vor allem auch die Einsamkeit, die man in einer Partnerschaft ohne Kind immer wieder sehr selbstverständlich genießt. Und hatte man sich vor der Geburt nicht so oft versprochen, zu den coolen Eltern zu gehören und einfach so weiterzumachen? Um dann festzustellen, dass das gar nicht so einfach ist, komplett übermüdet mit so vielen neuen Aufgaben und den ganzen alten.

Väter neigen in solchen Stressphasen schnell dazu, sich Auszeiten zu suchen. Das ist durchaus sinnvoll, wenn man es abspricht und beide Partner diese Auszeiten genießen können. Kleine regelmäßige Verschnaufpausen aus dem Alltag als festen Termin im Kalender zu notieren kann da helfen. Es ist wichtig, gerade in der ersten Babyzeit auch mal an sich zu denken, damit man gut durch diese turbulente Lebensphase kommt.

Am besten klein anfangen

Häufig reichen »kleine« Auszeiten wie ein Abendessen mit einem guten Freund anstelle einer ausgedehnten Kneipentour mit der alten Clique. Das ist auch unter dem Gesichtspunkt der Gerechtigkeit sinnvoller. Denn eure Partnerin, die gerade am Anfang des Babyabenteuers naturgemäß die vom Baby gefragtere Bezugsperson ist, wird schon ein 30-minütiges Vollbad ohne Störung als große Entlastung wahrnehmen. Wenn ihr aber ziemlich angeheitert morgens um drei in die Wohnung stolpert, wird das in aller Regel zu unerfreulichen Diskussionen führen. Lange Sportveranstaltungswochenenden mit den Jungs stehen unter dem gleichen (unheilvollen) Stern. Ich will euch damit nur einmal deutlich vorwarnen – obwohl es natürlich jedem freisteht, es selbst auszuprobieren.

Um es lose mit den Worten eines Freundes zu sagen: »In den ersten zwei Jahren hängst du dein Sozialleben neben der Arbeit und den damit verbundenen Abend- und Wochenendterminen weitgehend an den Nagel. Aber das ist okay. Denn es ist eine Investition in die Zukunft.« Er meint damit eine gemeinsame Zukunft, in der man als Vater eine Beziehung zu seinem Kind hat und eine vertrauensvolle, möglichst gleichberechtigte Partnerschaft pflegt. Es ist immer das gemeinsame Kind von dir und deiner Partnerin – mit allen guten und anstrengenden Seiten.

WAS WAR, WAS IST, WAS SEIN WIRD

Mittlerweile hat das Kind seinen ersten Geburtstag gefeiert und marschiert stramm in Richtung Kleinkindzeit – und die mittlerweile erfahrenen Eltern wundern sich, warum das kleine Baby der Nachbarn nachts immer wieder so schreit. Der eigene Nachwuchs war in diesem Alter jedenfalls immer bestens gelaunt, hat gut geschlafen und war spätestens mit neun Monaten Tag und Nacht trocken. Jajaja … und gegessen hat er auch immer alles, was die liebe Mama und der liebe Papa gekocht haben. Klar, alles Illusion. Man vergisst den stressigen Part des Elternseins unheimlich schnell und verklärt die schönen Momente … bisweilen grotesk verzerrt. Gerade auch dann, wenn weiterer Nachwuchs geplant ist.

Viele Eltern verdrängen blitzschnell, wie »arbeitsintensiv« Einjährige sind. Sie würden so gern ausschließlich ihre bezaubernde Seite wahrnehmen – in dieser Übergangsphase vom Baby zum Kleinstkind. Diese wunderbaren Einjährigen! Sie sind die Größten, das denken zumindest sie selbst – und wenn das mal nicht der Fall ist, klettern sie einfach irgendwo hoch – und plumpsen prompt wieder runter. Sprechen können sie meist noch nicht, aber so laut und energisch schreien und schimpfen, dass sie auch ohne große Worte alles bekommen, was sie möchten. Sie sind unglaublich schnell – egal, ob sie schon laufen oder sich noch krabbelnd fortbewegen – und spätestens jetzt müssen Eltern an ihren Sprintfähigkeiten arbeiten.

Sie bereiten uns häufig schlaflose Nächte, weil Köpfchen und Körper selbst im Schlaf noch fleißig weiterüben. Jede Gelegenheit wird genutzt, mit Wasser zu pantschen. Jedes Krümelchen Erde oder Sand und überhaupt alles, was Dreck und Chaos macht, wird genauestens und voller Neugier untersucht. Kulinarisch schwanken sie irgendwo zwischen gefüllten Oliven und Muttermilch. Sie zeigen deutlich, was sie nicht wollen – und schon hängt einem das schwungvoll geworfene Risotto im Haar.

Zärtlich sind sie nicht gerade – aber ihre Tritte, Bisse oder »Ohrfeigen« sind meist doch nur Zuneigungsbekundungen. Sie krabbeln oder laufen meilenweit, ohne einen Blick zurückzuwerfen, wenn sie etwas interessiert, um dann weinend zusammenzubrechen, wenn sie Mama oder Papa plötzlich nicht mehr sehen. Angst ist ihnen fremd, in dem tiefen Vertrauen, dass sie schon einer auffängt, wenn sie irgendwo runterfallen. Und das werden sie tun, und man selbst muss dann zur Stelle sein.

Sie lassen sich nicht mehr mit Holzspielzeug abspeisen, wenn es ein Smartphone zu entsperren gibt oder es viel interessanter ist, Papas Portemonnaie auszuräumen als die olle Bauklötzchenkiste. Ihr Lachen ist so wunderbar, weswegen wir gefühlte hundert Mal Grimassen für sie schneiden, Kuckuck spielen, irgendwelche Liedchen trällern oder nicht ganz textsicher Kinderreime zitieren. Sie sind oft das Chaos pur, Schlafräuber, Klebekinder und furchtlose Abenteurer in einem – aber sie sind auch unsere wundervollen kleinen großen Babykinder, die uns jeden Tag zeigen, wie sehr sie uns vertrauen und auf uns bauen, wenn sie Tag für Tag mehr die Welt erobern.

Also liebe Eltern: Genießt das Chaos statt daran zu verzweifeln. Und wie immer gilt, wenn es mal zu hart wird: Es ist alles nur eine Phase …

Und jetzt das nächste Kind?

Ein nächstes Kind?! Vielleicht, aber was kommt damit auf uns zu?! Die Wiederholungstäter sind erfahrene Eltern. Schlaflose Nächte, vollgespuckte Klamotten und wenig Zeit für sich selbst können sie nicht davon abhalten, noch ein Kind zu bekommen. Okay, auch das ist jetzt eine kleine Illusion. Denn meist entsteht der Wunsch exakt in jener Phase, in der die Nächte wieder ruhiger sind. Die Klamotten sind wieder sauberer und die ersten Auszeiten vom Elterndasein funktionieren. Es ist schon clever, wie uns die Natur da austrickst. Irgendwie vergisst man als Eltern den anstrengenden Teil der Babyzeit. Mit der Geburt verhält es sich übrigens ähnlich. Kaum eine Frau kann wirklich noch nachvollziehen, wie sich die heftigen Wehen anfühlten, bereits kurze Zeit nachdem das Baby geboren wurde.

Eine Wahrheit allerdings existiert: Das zweite Kind ist eine ziemliche Herausforderung. Denn statt sich darüber zu sorgen, wie man ein winzig kleines Baby anfasst oder ob es wirklich genug trinkt, muss man die gerade mühevoll erarbeitete und gefundene Familienkonstellation ganz neu sortieren. Das umsorgte Erstgeborene, das doch gerade selbst noch ein Baby war, muss seinen Thron nun teilen. Ist das erste Kind noch klein, zwei, drei oder vier Jahre alt, kollidiert dieser Umstand meist noch mit dem Höhepunkt der kindlichen Autonomieentwicklung. Und so finden sich Eltern plötzlich zwischen zwei Kindern mit großen, aber ganz verschiedenen Bedürfnissen wieder. Dazu gesellen sich erneut Schlafmangel und noch weniger Auszeiten für uns Eltern.

Die Umstellung von zwei auf drei Kinder ist dann nicht mehr so groß. Das zweite Kind haut tatsächlich am meisten rein in Sachen Familienerweiterung. Trotzdem ist der Spruch »Die dritten, vierten ... Kinder laufen einfach so mit« natürlich Blödsinn. Denn kein Kind läuft einfach nur so mit. Natürlich wächst der Erfahrungsschatz mit jedem Kind und die anfänglichen Sorgen, die einen als Ersteltern so verunsichern, nehmen sicherlich beträchtlich ab. Es ist ein Lernprozess, den man als Eltern mit steigender Kinderzahl ein bisschen besser hinkriegt.

Die bewusste Entscheidung für weitere Kinder, sie ist manchmal gar nicht so leicht zu treffen. Die elterliche Arbeit wird bestimmt nicht weniger, Zeit und Geld werden nicht automatisch mehr, bloß weil man mehr davon braucht. Dafür steigen Lautstärke- und Chaospegel überproportional an ... Aber: Das Glück verdoppelt, verdreifacht, vervierfacht sich mit jedem Kind, das wir als Eltern durchs Leben begleiten dürfen.

ENDLICH EXPERTE!

Wer von euch es bis an diese Stelle geschafft hat: Respekt! Besonders dann, wenn du zum ersten Mal Vater wirst. Wer sich hierhingemogelt hat, der sollte sich überlegen, doch noch mal ein paar Kapitel zurückzuspringen. Es ist eine vergleichsweise kleine Investition im Verhältnis zum möglichen Gewinn bei einer Sache, die wirklich brisant sein kann.

Und der Gewinn wäre, fragst du? Nun, ich hoffe, viele der Texte hier werden ein bisschen auf die große Mission Vaterschaft vorbereiten, die vor dir liegt. Dich ein bisschen dabei unterstützen, diese wunderbare Mammutaufgabe zu bewältigen.

Noch einmal auch an dieser Stelle: Nicht alles von dem, was hier geschrieben steht, wird für alle Familien oder jeden Einzelnen funktionieren. Dazu ist die Angelegenheit zu komplex und zu individuell. Aber es wird helfen, von einigen Dingen gehört zu haben. Und so einige »Fallen« vielleicht umgehen zu können oder zumindest auf ihre Existenz vorbereitet zu sein.

Eure eigene Rolle als Vater werdet ihr am Ende ohnehin individuell ausfüllen und wahrnehmen. Ich glaube, in der Rückschau auf meine Vaterschaft von vier Kindern und einem Sternenkind, fest daran, dass es hilft, grundsätzlich informiert zu sein. Oder zu wissen, wo man im Zweifelsfall nachschauen oder nachfragen kann. Oder auch einfach mal nur darüber zu lachen, dass es anderen fast genauso geht wie einem selbst.

Scheut euch nicht, zu Menschen zu schauen, von denen ihr denkt, dass sie es ganz gut hinkriegen. Mit der nötigen Portion Wissen darüber, dass auch diese Menschen immer wieder straucheln und darum kämpfen, ihren Weg zu finden, können sie eine tolle Inspiration sein. Elternwerden ist die größte Veränderung im Leben eines jeden Menschen. Aber so simpel es klingt: Kinder sind jede Anstrengung wert. Sie sind die Zukunft – und ihr könnt mithelfen, ihren Weg dorthin zu gestalten.

GLOSSAR

SCHWANGERSCHAFT UND GEBURT

Abnabeln: Bezeichnet das Durchtrennen der Nabelschnur zwischen Baby und Plazenta. Hierzu wird meist eine Kunststoffklammer auf zwei Seiten der Nabelschnur angebracht, um die Blutzufuhr zu unterbrechen. Dann wird die Nabelschnur mit einer sterilen Schere durchgetrennt – was häufig der Vater macht. Oder die Nabelschnur bleibt dran, trocknet ein und fällt von selbst ab (wer mehr wissen will, googelt »Lotusgeburt«). Irgendwann nach der Pubertät kommt es noch mal zum Abnabeln, aber das ist eine andere Sache und hat noch Zeit …

Ambulante Geburt: siehe S. 42

APGAR-Score: Bewertung von Atmung, Herzfrequenz, Muskeltonus, Reflexen und Hautfarbe eine Minute bzw. fünf und zehn Minuten nach der Geburt. Dieses Punkteschema macht früh auf mögliche Probleme aufmerksam. 9 bis 10 erreichte Punkte gelten als optimal.

Beckenendlage und äußere Wendung: Lage des Babys, bei dem der Steiß bzw. Steiß und/oder Füße der vorangehende Teil sind. Zur Geburt befinden sich drei bis fünf Prozent der Babys in dieser Position. Es kann in der Schwangerschaft versucht werden, das Baby durch äußere Handgriffe zur Wendung zu animieren. Babys können aus Beckenendlage vaginal oder per Kaiserschnitt geboren werden. Für die Spontangeburt empfiehlt sich eine Klinik mit viel Erfahrung in Beckenendlagengeburtshilfe.

Beleghebamme: siehe ab S. 38

Bindung aufbauen: Auch der väterliche Bindungsaufbau zum Kind beginnt schon in der Schwangerschaft. Man kann liebevoll den Bauch der Partnerin streicheln (wenn das für sie okay ist) und irgendwann erste Tritte und andere Bewegungen des Babys spüren. Auch Stimmen erkennt das Baby bereits im Bauch, sodass durch Ansprechen oder Vorsingen erste gemeinsame Bindungserfahrungen gemacht werden können. Nach der Geburt entwickelt sich die Bindung weiter. Für das Baby ist sie essenziell, weil es so sicherstellt, dass sich Eltern aufmerksam und feinfühlig um seine wichtigsten Bedürfnisse kümmern: Nähe, Nahrung, Wärme und Geborgenheit. Die Bindung zum Kind entwickelt sich immer individuell. Auch ambivalente Gefühle sind normal. Vielleicht ist dir dein Kind erst einmal etwas fremd. Setze dich nicht unter Bindungsdruck, sondern lasse euch Zeit und Raum zum Ankommen. Haut- und Blickkontakt, Tragen und Kuscheln sind bindungsfördernd. Das gilt für Mütter und Väter.

Blasensprung: Die Fruchtblase »springt« irgendwann im Geburtsverlauf mehr oder weniger spektakulär. Das ist mit dem Fließen von viel oder wenig Fruchtwasser verbunden. Eine bei der Geburt des Babys noch intakte Fruchtblase nennt man übrigens »Glückshaube«.

Blasensprung, vorzeitiger: siehe S. 89

Bonding: siehe S. 102

Couvade-Syndrom: Wissenschaftler bezeichnen das Phänomen der väterlichen »Co-Schwangerschaft« als Couvade-Syndrom und berichten von situativ entstehenden Schwangerschaftssymptomen beim Mann, wenn er mit seiner schwangeren Frau zusammen ist. Am gängigsten ist die parallel zur Frau beim Mann messbare Gewichtszunahme und ein (wenn auch nicht im gleichen Ausmaß) anwachsender Bauch. Auch Stimmungsschwankungen, Heißhunger und Übelkeit werden beschrieben.

CTG: Die Abkürzung CTG bedeutet Cardiotokograph. Das CTG zeichnet mittels Ultraschalltechnik die Herztöne des Kindes auf. Parallel wird die Wehentätigkeit durch einen Messfühler auf dem Bauch der Schwangeren gemessen. Die Herzton-Wehen-Kurve des CTG wird von den Geburtshelfern ausgewertet. Sie geben mal mehr, mal weniger genau Auskunft darüber, wie es dem Kind im Bauch geht. Das liegt an der Interpretation durch Hebamme und Arzt. Trotz einheitlich festgelegter Beurteilungskriterien wird ein CTG von unterschiedlichen Geburtshelfern häufig unterschiedlich eingeordnet. In der Klinik wird das CTG meist anfangs mit Unterbrechungen und später kontinuierlich zur Überwachung des Geburtsverlaufes eingesetzt. In der außerklinischen Geburtshilfe werden die Herztöne eher durch die Kontrolle mit dem Doptone in regelmäßigen Abständen kontrolliert. Da dieses Vorgehen eine 1:1-Betreuung erfordert, ist das in Geburtskliniken kaum umsetzbar.

CTG in der Schwangerschaft: siehe S. 30

Dammschnitt / Geburtsverletzungen: Die Episiotomie (Dammschnitt) ist ein chirurgischer Eingriff, mit dem durch einen Schnitt bei der Geburt der Scheideneingang erweitert wird. Da dieser Schnitt körperliche und seelische Narben hinterlassen kann, sollte er nur bei wirklicher Indikation und weder aufgrund von Ungeduld noch als Routinemaßnahme eingesetzt werden. Auch ohne Dammschnitt kann es zu Geburtsverletzungen im Genitalbereich kommen. Viele Geburtsverletzungen heilen gut und komplikationslos – aber brauchen wie jede Verletzung Zeit und Ruhe. Anhaltende Beschwerden beeinflussen das Wohlbefinden deiner Partnerin, aber auch eure Sexualität oder einen erneuten Kinderwunsch.

Elternzeit: Zeit, in der der Staat auf Antrag eines oder beider Elternteile 67 Prozent des Durchschnittseinkommens der letzten zwölf Monate für eine Zeit von bis zu 14 Monate übernimmt. Eltern können sich diese Zeit aufteilen oder einzeln nehmen. Elternzeit ist auch für zwei Jahre oder länger möglich, dann aber zu anderen finanziellen Konditionen. (Mehr dazu auf S. 68 und 74.)

Entwicklung des Babys: Die Entwicklung des Kindes kannst du in Büchern oder Apps recht detailliert verfolgen. (Buchtipp: Meine Schwangerschaft: Tag für Tag faszinierende Bilder und umfassender Rat, Silvia Höfer und Alenka Scholz, GU) Bedenke aber immer, dass gerade die Größen- und Gewichtsangaben jenseits der 13. Schwangerschaftswoche eine große Bandbreite haben. Zudem unterscheiden sich Angaben im Internet und in Büchern oft erheblich. Kinder entwickeln sich nicht linear. Schon in der Bauchzeit wachsen sie eher in Schüben und so bleibt das auch hinterher. Natürlich ist es wichtig, bei Abweichungen zu klären, ob Probleme vorliegen. Hebamme oder Frauenarzt erklären, was im »normalen« Rahmen liegt. Siehe S. 28 und 48.

Erkrankungen und Komplikationen in der Schwangerschaft: Alle Eltern gehen mit der guten Hoffnung in die Schwangerschaft, dass alles gut ist und bleibt. Dennoch kann es immer auch etwas anders kommen. Vielleicht müsst ihr schon vor der Geburt Pläne über Bord werfen und Prioritäten neu setzen. Tut das gemeinsam. Vielleicht musst du dafür schon jetzt Termine absagen oder andere Veränderungen des Alltags einplanen. Auch wenn das Körperliche deine Partnerin tragen muss, trägt zumindest die emotionale Belastung gemeinsam.

Ernährung: Eine ausgewogene Ernährung ist nicht nur in der Schwangerschaft förderlich für die Gesundheit – aber zu dieser Zeit extrawichtig, weil das Baby ja »mitisst«. Es geht weniger darum, »mehr«, sondern besser zu essen. Mehr frische und nährstoffreiche Lebensmittel als hochverarbeitetes, fettiges oder überzuckertes Fertigzeug. Alle Frauen profitieren, wenn auch der werdende Vater während der Schwangerschaft gesund isst. Und selbst auf erklärten Wunsch nicht Chipstüten oder Halbliter-Eisbecher aus dem Kiosk holt, sondern lieber Obst und Gemüse schnibbelt – für beide natürlich.

ET / Errechneter Termin / Geburtstermin: siehe S. 77

Fehlgeburt: Ungefähr jede zweite bis vierte Schwangerschaft endet vorzeitig. Oft schon ganz früh in den ersten Tagen. Von Fehlgeburten wird medizinisch gesprochen, wenn das Kind vor der 22. Schwangerschaftswoche geboren wird und weniger als 500 Gramm wiegt. Ein großer Teil der Fehlgeburten passiert jedoch in den ersten zwölf Wochen einer Schwangerschaft. Die Ursachen hierfür sind vielfältig – genetische, anatomische oder hormonelle Faktoren gehören dazu. In der Regel wird man gerade bei einer frühen Fehlgeburt nicht genau wissen, warum sich diese Schwangerschaft nicht weiterentwickelt hat. Für das Vorgehen im Fall einer Fehlgeburt unbedingt die Hebamme bzw. den Gynäkologen konsultieren. Es besteht die Möglichkeit einer kleinen Geburt durch Abwarten auf den spontanen Wehenbeginn bzw. medikamentöses Einleiten sowie die operative Beendigung der Schwangerschaft durch eine Curettage. In jedem Fall sollte man sich Hilfe bei der Trauerbewältigung suchen. (Mehr dazu auf S. 33.)

Formalitäten: siehe S. 74

Frühgeburt: Die zu frühe Geburt des Babys (vor der 37+0 Schwangerschaftswoche) ist für alle Eltern ein Ausnahmezustand – je früher, desto extremer. Vielleicht muss man viele bange Wochen auf der Kinderintensivstation verbringen, vielleicht »nur« kleinere Anpassungsstörungen schultern. Aber Sorgen sind Sorgen – und keine sind belastender als jene um das eigene Kind. Anfangs werdet ihr wahrscheinlich einfach irgendwie funktionieren, aber irgendwann macht sich die hohe emotionale und körperliche Belastung bemerkbar. Achtet rechtzeitig und langfristig auf eure Kräfte und holt euch so viel Unterstützung, wie es geht. Die Herausforderungen für euch als Eltern und als Paar sind groß. Im besten Fall schweißt euch die Situation noch mehr zusammen. Im schlechtesten Fall entfremdet ihr euch streckenweise. Das gilt natürlich auch, wenn andere Umstände und Besonderheiten wie eine Erkrankung den Start ins Leben für euch und euer Kind belastender machen.

Gebärhaltungen: Kinder lassen sich in vielen Positionen der Mutter zur Welt bringen. Manche sind förderlicher, manche (wie die Rückenlage oder der Kopfstand) nicht. Im Geburtsvorbereitungskurs lernt ihr eine Auswahl kennen. Generell unterstützt das »in Bewegung bleiben« den Geburtsverlauf. Also nimm bequeme Sachen in den Kreißsaal mit, um deine Frau beim Laufen, Hocken oder Hängen (an dir) zu unterstützen.

Geburtsbeginn: siehe S. 88

Geburtseinleitung: Es gibt medizinische Gründe wie Anzeichen für eine Infektion oder eine Unterversorgung, die manchmal eine Einleitung der Geburt erforderlich machen. Auch wenn der Geburtstermin zu weit überschritten ist, wird diese empfohlen – von manchen Kliniken nach sieben oder zehn oder 14 Tagen nach dem ET. Eingeleitet werden kann mit alternativen Möglichkeiten wie Nelken-Öl-Tampons oder einem »Wehencocktail«, aber auch mit Medikamenten, die als Tablette, als vaginale Applikation oder als Infusion verabreicht werden. Eine Einleitung ist wirklich nur aus guten Gründen sinnvoll und nicht, weil die Ungeduld zu groß ist. Im Idealfall bestimmt immer euer Kind seinen Geburtstermin.

Geburtshaus: siehe S. 37

Geburtsklinik: siehe S. 38

Geburtsphasen: siehe ab S. 91

Geburtsplan: Überlegt vorab, was ihr euch für die Geburt wünscht und was ihr nach Möglichkeit nicht möchtet. Ein Geburtsplan sollte kein Zettel mit Forderungen sein, den ihr an der Kreißsaaltür abgebt. Es geht vielmehr darum, sich darüber bewusst zu werden, was man sich für die Geburt wünscht. Und da darf sich ein Idealszenario ausgemalt werden. Im besten Fall kann man seine Wünsche vorab mit dem Geburtsteam besprechen. So lernt man sich und die Abläufe und Möglichkeiten am jeweiligen Geburtsort kennen (siehe S. 35).

Geburtsvorbereitung: siehe S. 64

Gynäkologin / Gynäkologe: siehe S. 24

Hausgeburt: siehe S. 35

Hebamme: siehe S. 22, 27 und 47

Interventionen unter der Geburt: Als Interventionen werden alle Maßnahmen bezeichnet, die in den Geburtsverlauf von außen eingreifen. Das können Maßnahmen sein, die Wehen anregen oder den Wehenschmerz lindern. Da jeder Eingriff sich auf den weiteren Geburtsverlauf auswirken kann, sollte entsprechend zurückhaltend damit umgegangen werden. Gerade für uns Väter ist dieses »Nichtstun« manchmal echt schwer auszuhalten. Aber Geburt funktioniert nun mal am besten, je weniger man grundlos dazwischenpfuscht. Natürlich ist für den Laien nicht immer ersichtlich, was mit oder ohne guten Grund geschieht. Aber auch hier hilft es, sich vorab etwas Wissen anzueignen, um zu verstehen, warum und wann etwas passiert oder auch nicht.

Kaiserschnitt: siehe S. 41

Kinderwagen: siehe S. 56

Kinderwunschbehandlung: Fast jedes zehnte Paar zwischen 25 und 59 Jahren ist in Deutschland ungewollt kinderlos. Das Angewiesensein auf eine reproduktionsmedizinische Behandlung stellt für die Betroffenen eine erhebliche körperliche, seelische und finanzielle Belastung dar. Ein Teil der anfallenden Kosten für Inseminationen oder IVF- bzw. ICSI-Behandlungen wird zwar von den Krankenkassen übernommen – aber nur unter bestimmten Voraussetzungen. Die Zeit einer Kinderwunschbehandlung ist auch für die Beziehung eine große Herausforderung. (Mehr dazu auf S. 15.)

Kindsbewegungen: siehe S. 50

Kreißsaal: siehe S. 41

Mutterpass: Im Mutterpass werden die Ergebnisse der Schwangerenvorsorge von Hebamme oder Gynäkologin dokumentiert. Die getasteten, gemessenen oder mittels Ultraschall erfassten Werte sind hier ebenso notiert wie Ergebnisse von Blut- und Urinuntersuchungen. Denk auf alle Fälle daran, den Mutterpass einzustecken, wenn ihr Richtung Geburtsort aufbrecht. Ansonsten ist es deine Aufgabe, noch mal zurückzufahren und diesen zu holen.

Mutterschutzgesetz: Das Mutterschutzgesetz gilt für alle (werdenden) Mütter, die in einem Arbeitsverhältnis stehen – und unter bestimmten Voraussetzungen auch für Schülerinnen und Studentinnen. Es soll den »bestmöglichen Gesundheitsschutz für schwangere und stillende Frauen gewährleisten« und vermeiden helfen, dass »Frauen durch Schwangerschaft und Stillzeit Nachteile im Berufsleben erleiden oder dass die selbstbestimmte Entscheidung einer Frau über ihre Erwerbstätigkeit verletzt wird«.

Nestbautrieb: siehe S. 71

Oxytocin: Das Hormon, das für die Wehentätigkeit und den Milchfluss beim Stillen zuständig ist. Oxytocin wird auch als Liebeshormon bezeichnet. Es reduziert Stress (Cortisolspiegel sinkt) und Angst und beruhigt. Oxytocin wirkt bindungsfördernd – zwischen Paaren ebenso wie zwischen Mutter und Kind. Da die anhaltende Ausschüttung von Stresshormonen (Adrenalin) das Oxytocin hemmen kann, ist es wichtig, deine Partnerin vor Stress zu schützen. Wenn sich Frauen unter der Geburt wohl, sicher und geborgen fühlen, hat das einen ganz maßgeblichen Einfluss auf den Geburtsverlauf. Also tu ruhig alles, was du kannst, dafür.

PDA: Die Periduralanästhesie (PDA) ist eine rückenmarksnahe regionale Betäubung, die eine schmerzarme Geburt ermöglichen soll. Sie wird vom Anästhesisten gelegt. Im besten Fall sorgt die PDA bei sehr langen und schwierigen Geburtsverläufen für die dringend erforderliche Entspannung. Sie liefert eine Pause, damit die Frau noch mal Kraft für den restlichen Weg der Geburt schöpfen kann. Die PDA hat durchaus ihre Berechtigung in der

Geburtshilfe, auch wenn man nicht verschweigen darf, dass sie auch ungünstige Auswirkungen auf den Geburtsverlauf haben kann, ebenso wie Nebenwirkungen für Mutter und Kind.

Plazenta: Der Mutterkuchen hat euer Baby viele Monate lang versorgt. Er wiegt zur Geburt rund 500 Gramm und hat einen Durchmesser von 15 bis 30 Zentimetern. Die mütterliche Plazentaseite sieht leberartig-schwammig aus. Die kindliche Seite ist glatt und glänzend. Hier sind die verästelten, in der Nabelschnur mündenden Blutgefäße deutlich erkennbar.

Pränataldiagnostik: Steht für vorgeburtliche Diagnostik und meint invasive und nichtinvasive Tests, die nach Hinweisen auf mögliche Fehlbildungen oder Störungen beim ungeborenen Kind suchen. Die Ergebnisse sind jedoch nicht immer eindeutig und ziehen bisweilen weiterführende Tests nach sich. Über das Thema Pränataldiagnostik müsst ihr euch bereits im ersten Trimenon der Schwangerschaft Gedanken machen, da bereits hier erste Tests möglich sind. Neben der Frage, welche Untersuchungen gewünscht sind, ist eine weitere Frage, wie ihr mit möglichen Ergebnissen umgehen wollt. Dazu gibt es Beratungsstellen (siehe S. 205).

Reisen in der Schwangerschaft: Das Verreisen in der Schwangerschaft ist für viele Paare ein Thema. Denn so einige denken, mit einer gewissen Torschlusspanik im Nacken, dass sie mit Baby nie wieder so verreisen können wie jetzt gerade noch. Ein bisschen stimmt das auch. Denn ein Baby verlangsamt einen schon erheblich. Und weite Reisen werden anstrengender mit jemandem im Schlepptau, der nicht gerne zehn Stunden im Zug sitzt und in Ruhe liest. Paare, die also noch schnell einmal die weite Welt sehen wollen, sollten tatsächlich am besten die Zeit im zweiten Trimester nutzen für eine letzte größere Reise ohne dem Baby auf dem Arm.

Risikoschwangerschaft: Eine »Risikoschwangerschaft« bekommt eine Schwangere schnell bescheinigt, auch wenn weder sie noch das Baby gesundheitliche Probleme haben. Mögliche Risiken können sich aus dem Alter, der Vorgeschichte oder dem Lebensstil ergeben. Wenn nur eines der folgenden Kriterien erfüllt ist, liegt sachlich eine Risikoschwangerschaft vor, auch wenn es nicht zwingend ein Problem ist: ein Alter unter 20 oder über 35 Jahren, eine vorhergegangene Fehlgeburt oder eine Erberkrankung in der Familie. Auch Vorerkrankungen, Mehrlingsschwangerschaften oder ein früherer Kaiserschnitt gehören zum Risikokatalog. Weil sich statistisch das Risiko für mögliche Probleme in der aktuellen Schwangerschaft erhöht, bekommt die Schwangere die Risikoeinstufung, auch ohne dass akute Probleme bei Mutter oder Kind bestehen. Im besten Fall führt es nur zu einer erhöhten Aufmerksamkeit bei sich anbahnenden Problemen. Und zu einer adäquaten Betreuung, wenn echte Schwierigkeiten da sind. Ein Grund zur Panik und zur »Übervorsorge« sollte es aber nicht sein.

Schmerzlinderung: Ganz pragmatisch sind Wehen ja »nur« Kontraktionen der Gebärmuttermuskulatur. Hormonell sind Frauen unter der Geburt zwar recht gut ausgestattet, um das auch »ohne alles« hinzubekommen, aber Geburt ist eben auch von sehr vielen Faktoren abhängig. Bei einer außerklinischen Geburt ist das medikamentöse Schmerzmittelrepertoire sehr eingeschränkt. Natürlich schmerzlindernd wirken unter anderem: Bewegung, Atmung, Wasser, Wärme oder Massagen. In der Klinik gibt es zudem krampflösende Mittel (Spasmolytika), Schmerzmittel, Opioide (»Betäubungsmittel«), Lachgasanalgetika und die PDA. Welches Mittel wann zum Einsatz kommt, entscheiden Hebammen und Ärzte und ist abhängig vom Geburtsverlauf und natürlich dem Befinden der Mutter. Es gilt immer, zwischen gewünschter Wirkung und möglichen Nebenwirkungen abzuwägen.

Schwangerenvorsorge: siehe S. 24

Schwangerschaftsbeschwerden: Von der Übelkeit bis zum übermäßigen Erbrechen, von bleierner Müdigkeit und Schlafstörungen über Hämorrhoiden und Wassereinlagerungen bis hin zu Sodbrennen und Verstopfungen gibt es etliche Beschwerden, mit denen Schwangere mehr oder weniger kämpfen. Was und ob etwas dagegen hilft, ist sehr unterschiedlich. Als Mann sollte man helfend zur Apotheke gehen, wenn die Hebamme doch noch irgendein helfendes Mittelchen empfehlen kann, oder zum Spätkauf, wenn die sich übergebende Frühschwangere nach Cola ruft. Hauptsache, man kann irgendwas tun.

Schwierige Geburten: Neben dem Kaiserschnitt gibt es auch vaginale Geburten, die mehr Geburtshelfer und Hilfsmittel verlangen. Wenn ein Baby in der letzten Geburtsphase nicht weiterrutscht oder anhaltende Zeichen von Stress hat, ist manchmal mehr Unterstützung nötig. Zu den vaginaloperativen geburtshilflichen Mitteln gehören die Saugglockenentbindung (Vakuumextraktion) oder die Zangengeburt (Forceps), die aber eher selten angewandt wird.

Diese Situation und das Erleben der Interventionen ist für beide Elternteile unter Umständen belastend. Wenn dich die Ereignisse rund um die Geburt stark mitgenommen haben, ist jetzt definitiv nicht der Zeitpunkt, den »starken Mann« zu spielen. Rede darüber, mit deiner Partnerin, eurer Hebamme und ggf. auch mit einer Psychologin oder Beraterin.

SSW: Der aktuelle zeitliche Status in der Schwangerschaft wird mit dem Begriff Schwangerschaftswoche (SSW) kenntlich gemacht. In der Regel wird das in Wochen und Tagen dargestellt. 20 Wochen plus drei Tage wäre SSW 20+3, also die 21. SSW bzw. SSW 21. Gerechnet wird ab dem ersten Tag der letzten Periode oder, sollte er denn bekannt sein, dem Zeitpunkt der Befruchtung (siehe S. 17).

Trimester: Eine Schwangerschaft wird grob in Drittel eingeteilt, die Trimester oder Trimenon. Das erste Drittel entspricht der 1. bis 13. Schwangerschaftswoche (abgekürzt SSW) und heißt erstes Trimester. Weiter geht es von der 14. bis zur 26. Schwangerschaftswoche und das letzte Trimester startet mit der 27. Schwangerschaftswoche und endet mit der Geburt.

Ultraschall: siehe S. 31

Wassergeburt: Eine Wassergeburt kann zu Hause, im Geburtshaus oder auch in der Klinik stattfinden – je nach Ausstattung und vor allem Wünschen der Schwangeren. Zu Hause bräuchte man einen Geburtspool (Statik und Einfülloptionen vorab prüfen!) oder eine große Badewanne. Nicht vergessen: Wenn der Mann mit in Wanne oder Pool soll, braucht er eine Badehose. Ertrinken kann ein Baby bei der Wassergeburt nicht, weil es erst, wenn es aus dem Wasser auftaucht und die kältere Außenluft spürt, die ersten richtigen Atemzüge macht.

Wehen: siehe S. 68 und 89

Zwillinge: siehe S. 118

WOCHENBETT UND DAS ERSTE BABYJAHR

Aufgabenverteilung: siehe S. 117

Autositz und Babyschale: siehe S. 62

Babyausstattung: siehe S. 52

Babybett, Beistellbett und Familienbett: siehe S.128

Babyblues und Wochenbettdepression: siehe ab S. 107

Babys lesen und verstehen: Babys bringen viele Kompetenzen mit auf die Welt, um auch ohne Worte zu zeigen, was sie brauchen. Und sie zeigen diese Fähigkeiten nicht nur durch Schreien an. Je mehr Zeit du mit deinem Kind verbringst, umso schneller wirst du wissen, wie es sich bei Hunger oder Müdigkeit verhält. Schreien steht meist erst am Ende einer Reihe von Signalen, die ein Kind aussendet. Die Mutter wird vielleicht in der Anfangszeit und durch das Stillen einen kleinen Vorsprung »im Babylesen« haben. Aber warte nicht darauf, bis dir dein Kind konkret sagen kann, was es möchte – sondern lass es dir von Anfang an von ihm zeigen.

Baden und Körperpflege des Babys: Weniger ist mehr – neben dem häufigen Reinigen des Windelbereichs und dem gelegentlichen Abwaschen des Milchbarts muss kein tägliches Waschprogramm absolviert werden. Und beim Baden ist alles von täglich (als Abendritual) bis alle zehn Tage (oder wenn das Baby zu müffeln beginnt) möglich. Du kannst dein Kind im Waschbecken, in der Babybadewanne oder im Badeeimer baden. Oder ihr steigt zusammen in die Wanne. Wenige bis gar keine Pflegeprodukte sind besser für die Babyhaut, das Wasser sollte nicht zu warm sein (um die 37 Grad) und es sollte anfangs nicht zu lange gebadet werden. Bei uns ist meist ein Elternteil mit dem Baby in die Wanne gestiegen und der andere hat es dann nach ein paar Minuten rausgeholt und weiterversorgt.

Beckenboden und Rückbildung: Der Beckenboden ist die tragende Muskelschicht in der Körpermitte, die mit Schwangerschaft und der Geburt die Hauptlast abbekommt. Zur anschließenden Regeneration braucht es Entlastung und Zeit. Und genau da kannst du als Vater deine Partnerin gut unterstützen, indem du eine tragende Rolle übernimmst. Das Gewicht des Babys ist die anfängliche Belastungsgrenze für deine Partnerin. Alles darüber hinaus darfst du schleppen. Und natürlich auch immer wieder das Baby selbst, denn gerade im Wochenbett trägt das Liegen auch zur Entlastung des mütterlichen Beckenbodens bei. Auch Geburtsverletzungen heilen besser und schneller, wenn die Mutter viel liegt. Die gestärkte Körpermitte ist die Voraussetzung, dass die Frau früher gern gemachte Sportarten wieder machen kann und Inkontinenz oder andere Senkungsbeschwerden nicht früher oder später zum belastenden Thema werden. Der Zustand des Beckenbodens wirkt sich auch auf die sexuelle Zufriedenheit maßgeblich aus.

Bedürfnisse des Babys: Es sind gar nicht so viele Bedürfnisse, und doch haben Eltern gut zu tun in der ersten Zeit: Nähe, Nahrung, Sicherheit, Wärme, Geborgenheit und frische Windeln. Das meiste davon bekommt das Baby nur im unmittelbaren Kontakt mit uns. Promptes Reagieren auf die Babybedürfnisse schafft eine gute Basis. Die Grundlagen für eine gute Bindung werden in den ersten Jahren gelegt. Und diese gute vertrauensvolle Basis hilft sowohl dem Kind als auch den Eltern durch anstrengende Phasen. Und ja, manchmal ist es wirklich irre anstrengend, dass man wegen der ganzen Babybedürfnisse zu vielem einfach nicht mehr kommt. Aber es hilft, sich klarzumachen, dass die Umstellung für das Baby weitaus größer ist.

Dieser Perspektivenwechsel hilft, besonders an unruhigen Tagen, an denen das Baby vom Gebärmutterheimweh geplagt ist.

Bedürfnisse der Eltern: Die eigenen Bedürfnisse mit denen der Partnerin und dem kleinsten Familienmitglied unter einen Hut zu bekommen kann eine ziemliche Herausforderung für Väter sein. Und dennoch sollten gerade im Wochenbett ein paar Bedürfnisse hinten anstehen. Geh lieber zum Sport, bevor du durchdrehst – aber vielleicht nicht zwei Mal die Woche. Und Verabredungen mit den Jungs sollten auch erst mal warten. Auch hier hilft der Perspektivenwechsel: Auf was hat deine Partnerin bereits so alles in den vergangenen Monaten und auch jetzt im Wochenbett verzichtet? Es geht nicht um ein Aufrechnen, wer wann und warum mehr leistet. Es geht darum, miteinander zu sprechen – über Bedürfnisse und Wünsche. Und darüber, was gerade jetzt realistisch machbar ist. Und denkt daran: Essen und Schlaf sind zwei Bedürfnisse, die ganz oben auf der Liste stehen sollten. Denn sowohl Hunger als auch (zu großer) Schlafmangel machen euch schnell zu unempathischen Elternzombies.

Beikost und Familientisch: siehe S. 138

Beruf und Elternsein: siehe S. 116

Drei-Monats-Koliken, Bauchweh und Blähungen: Die Ursachen für die auch Trimenonkoliken genannten rhythmisch auftretenden und unstillbaren Schreiattacken ohne erkennbaren Grund sind bis heute nicht abschließend geklärt. Meist nehmen die Beschwerden ab dem vierten Lebensmonat ab oder verschwinden ganz. Was bei den Anfällen hilft oder nicht, ist so individuell wie jedes Kind: Fliegergriff, Bauchmassage, Osteopathie ... Es spricht nichts dagegen, verschiedene Maßnahmen auszuprobieren. Zu viel Aktionismus kann aber sogar schaden und noch mehr Unruhe in die Situation bringen. Damit andere mögliche Ursachen für ein vermehrtes untröstliches Weinen nicht übersehen werden, wendet euch bei Bedarf an entsprechende Fachleute (Kinderarzt, Hebamme, Stillberaterin).

Ernährung im Wochenbett und in der Stillzeit: Gesund, bunt, frisch und ausgewogen sollte es in Sachen Ernährung nach der Geburt zugehen. Du kannst kochen, was das Wöchnerinnenherz begehrt. Es gibt keine Verbote, denn weder dafür, dass ein Baby mehr Blähungen durch bestimmte Lebensmittel bekommt, noch für einen wunden Po durch Fruchtsäure gibt es belegbare Nachweise. Also nicht im Vorhinein auf alles Mögliche verzichten. In der Stillzeit kannst du dich mit bereitgestellten Getränken und Snacks (geschnippeltes Obst und Gemüse, Nüsse, Smoothies) mit in die Versorgungskette integrieren.

Fläschchen und füttern: siehe S. 113 und S. 114

Freunde und Familie: Elternschaft ist eine radikale Veränderung im Leben eines Erwachsenen. Bisher beste Freunde können in den Hintergrund rücken oder ziehen sich zurück, aus unterschiedlichsten Gründen. Das ist normal und okay, wirklich wichtige Menschen werden in der Regel solche bleiben. Diese Freundschaften überstehen auch, wenn man ein paar Monate sehr andere Lebensumstände erlebt. Im Kontext der eigenen Eltern und Großeltern kann die Elternschaft dazu führen, dass man die eigene Kindheit auf den Prüfstand schickt – und dabei nicht nur schöne Erkenntnisse gewinnt (siehe S. 80 und 117).

Geburtserlebnis verarbeiten / Geburtstrauma: Eine Geburt ist ein sehr besonderes Erlebnis im Leben von Eltern: eine Abfolge verschiedenster Emotionen in kurzer Zeit. Von größtem Glück bis zu tiefer Angst kann alles dabei sein. Und das kann auch hinterher anhalten. Wenn negative Gefühle in Bezug auf die Geburt wie zum Beispiel Trauer, Angst, Hilflosigkeit, Scham oder Wut anhalten, kann das auf ein Geburtstrauma hindeuten: auf eine Art seelische Wunde. Auch Väter können von einer dramatischen Geburt anhaltend emotional überwältigt sein. Es kann zu einer posttraumatischen Belastungsstörung kommen. Kleinste Impulse (Trigger) in einer eigentlich gar nicht bedrohlichen Situation können dann wieder gedanklich in die traumatische Situation führen. Noch immer werden schwierige Geburten mit dem Satz »Hauptsache, das Kind ist da und gesund« abgetan. Nehmt eure Gefühle zur Geburt ernst und scheut euch nicht, externe Hilfe in Anspruch zu nehmen.

Geschwister: siehe S. 118

Kinderarzt: Neben den Vorsorgeuntersuchungen ist er in allen Situationen, in denen ihr euch Sorgen um euer Kind macht, euer Ansprechpartner. Deshalb sollte es menschlich passen. Um den Kinderarzt (und die gute Kinderarztfreundin, danke, Saphira!) nicht überzustrapazieren, sind ein Nachschlagewerk über Kinderkrankheiten und ein Erste-Hilfe-Kurs für Eltern eine gute Investition. Buchtipp: Kinderkrankheiten verstehen und behandeln von Stephan Illing, GU.

Maternal Gatekeeping: Maternal Gatekeeping bezeichnet die Handlungsweise einer Mutter, die glaubt, nur sie wisse, was gut für das Baby ist, und nur sie könne es richtig behandeln. Das fängt bei der Menge der anzuziehenden Kleidungsstücke an und hört bei der Wahl der Schule auf. Mit gleichberechtigter Elternschaft hat das dann wenig zu tun.

Mental Load: Moderne Bezeichnung für die Belastung durch all die vielen kleinen und großen Missionen, die das Elternleben mit sich bringt – und den Umstand, dass viel zu häufig ein Partner (meist die Mutter) diese mentale Last überwiegend trägt. Doch all diese Aufgaben sind, anders als das Stillen, überhaupt nicht an das Geschlecht eines Elternteils gebunden. Deshalb notiere dir von Anfang an alle Termine auch in deinem Kalender (oder ihr nutzt einen gemeinsamen Online-Kalender). Denn geteilter Mental Load ist halber Mental Load.

Mütterpflegerin: siehe S. 73

Paarbeziehung: siehe S. 166

Phasen: Die »Phrase mit der Phase« wird dir etliche Male und weit über die Babyzeit hinaus begegnen. Und es stimmt ja auch – alle anstrengenden Zeiten im Elternalltag sind Phasen, die auch wieder vorbeigehen. Und dann kommt die nächste Phase. Mal ist es ein Wachstumsschub, mal wieder ein neuer Zahn. Und die Autonomiephase beginnt früher, als man denkt, und hält länger an, als man hoffte. In bald 15 Jahren Elternsein gab es für mich nie wirklich eine phasenlose Phase. Denn irgendwas ist wirklich immer. Aber irgendwas ist auch immer schön – auch in anstrengenden Zeiten. Darum am besten versuchen, den Blick auf die guten Momente zu lenken, gerade in härteren Elternzeiten.

Schlafverhalten des Babys: siehe S. 125

Schnuller: Babys wollen saugen – zum Milchtrinken, zur Beruhigung, zum Trost oder zum Einschlafen. Stillen kann all diese Bedürfnisse stillen. Wenn das Saugbedürfnis sehr hoch ist oder in Situationen aufkommt, in denen Stillen schwierig ist (Autofahrten, Vater allein unterwegs mit dem Baby), kann der situativ eingesetzte Schnuller hilfreich sein. Ein zu früher oder häufiger Gebrauch des Schnullers kann zu Stillschwierigkeiten führen. Wenn ihr einen Schnuller einsetzen wollt, sprecht am besten vorab mit der Hebamme, was es zu beachten gibt. Alternativ kann man das Baby zur Beruhigung auch mal auf dem kleinen (gewaschenen und nikotinfreien!) Finger nuckeln lassen.

Schreibabys (untröstlich weinende Babys): siehe ab S. 156

Sexualität nach der Geburt und Verhütung: siehe S. 173

Spielen: siehe ab S. 144

Stillen: siehe ab S. 112

Tragetuch und Tragehilfen: siehe S. 54

Verwöhnen: Während der Begriff des Verwöhnens bei Erwachsenen mit einem Spa-Aufenthalt gleichgesetzt wird, ist er bei Babys und Kindern negativ besetzt. Doch es behindert weder die Selbstständigkeit deines Kindes, noch wird es zum gern zitierten Tyrannen, wenn du prompt auf seine Bedürfnisse eingehst. Denn dieser anfangs ziemlich hilflose kleine Mensch ist unmittelbar auf seine Bezugs- und Bindungspersonen angewiesen – und zwar nicht nur bei der Versorgung mit Nahrung und frischen Windeln. Auch seine emotionalen Bedürfnisse müssen gestillt werden. Das ist elementar wichtig für die Entwicklung des Kindes. Also »verwöhne« dein Kind in diesem Sinne immer schön weiter.

Wickeln und Windelfrei: siehe S. 130

Zähne und Karies: Mit dem ersten Zähnchen (das meist mit rund einem halben Jahr im Mund auftaucht) beginnt auch das Thema Zahnpflege. Die Kariesprophylaxe sollte schon früher beginnen. Neben dem Putzen der Zähnchen ist es ebenso wichtig, süße Getränke und Süßigkeiten zu vermeiden. Zucker im Mund ist ein idealer Nährboden für Kariesbakterien. Zudem ist spätestens mit dem Beikostbeginn die elterliche Vorbildfunktion gefragt – und du solltest deinen Schokoriegel lieber heimlich essen. Und natürlich danach die Zähne putzen.

BÜCHER, DIE WEITERHELFEN

Schwangerschaft, Geburt und Wochenbett

Alenka Scholz, Silvia Höfer: Meine Schwangerschaft: Tag für Tag faszinierende Bilder und umfassender Rat. GRÄFE UND UNZER VERLAG

Dr. med. Wolf Lütje: Vertrauen in die natürliche Geburt. Kösel

Anja Constance Gaca und Loretta Stern: Das Wochenbettbuch. Kösel

Babys und Kinder

Anja Constance Gaca: Babyernährung. GRÄFE UND UNZER VERLAG

Anja Constance Gaca, Susanne Mierau: Mein Schreibaby verstehen und begleiten. GRÄFE UND UNZER VERLAG

Stephan Illing: Kinderkrankheiten verstehen und behandeln. GRÄFE UND UNZER VERLAG

Nora Imlau, Herbert Renz-Polster: Schlaf gut, Baby. GRÄFE UND UNZER VERLAG

Alfie Kohn: Liebe und Eigenständigkeit. Die Kunst bedingungsloser Elternschaft jenseits von Belohnung und Bestrafung. Arbor

Herbert Renz-Polster: Kinder verstehen. Born to be wild. Wie die Evolution unsere Kinder prägt. Kösel

Nicola Schmidt: artgerecht – Das andere Babybuch. Kösel

Vaterschaft

Christian Hanne: Ein Vater greift zur Flasche – Sagenhaftes aus der Elternzeit. Seitenstraßen Verlag

Jesper Juul: Das Familienhaus. Kösel

Robert Richter, Eberhard Schäfer: Das Papa-Handbuch. GRÄFE UND UNZER VERLAG

ADRESSEN, DIE WEITERHELFEN

Schwangerschaft, Geburt, Babyzeit und Elternsein

https://www.babyfreundlich.org/eltern/kliniksuche
Babyfreundlich zertifizierte Kliniken in Deutschland

https://www.gesundheitsinformation.de/schwangerschaft-und-geburt.2686.de.html
Vor- und Nachteile von unterschiedlichen Behandlungsmöglichkeiten und Angebote der Gesundheitsversorgung verstehen lernen

https://www.familienplanung.de
Wissenschaftlich fundiertes Angebot der Bundeszentrale für gesundheitliche Aufklärung (BZgA) rund um Kinderwunsch, Verhütung, Schwangerschaft, Pränataldiagnostik, Geburt und die erste Zeit mit Kind

https://www.embryotox.de
Informationen über Arzneimittelsicherheit in Schwangerschaft und Stillzeit

https://www.hebammenverband.de/familie
Informationen vom Berufsverband der Hebammen zu allen Hebammenleistungen, Anspruch und Kostenübernahme

https://www.kinderaerzte-im-netz.de/startseite
Informationen zur Gesundheitsthemen rund um Kinder vom Berufsverband der Kinder-und Jugendärzte

https://profamilia.de
Beratung zu Familienplanung, Partnerschaft und Sexualität

https://www.kindergesundheit-info.de
Angebot der Bundeszentrale für gesundheitliche Aufklärung (BZgA) zu Themen wie Ernährung, Schlafen, Mediennutzung oder Entwicklung

https://familienportal.de
Angebot des Bundesministeriums für Familie. Hier finden sich unter anderem alle Infos zu Elternzeit und Elterngeld

https://www.still-lexikon.de
Alles rund ums Stillen

https://www.gesund-ins-leben.de/inhalt/fuer-familien-29344.html
Informationen rund um das Thema Ernährung in der Schwangerschaft und zur Baby- und Kleinkindernährung

Blogs und Social Media

http://www.hebammenblog.de
Fundierte Informationen rund um Schwangerschaft, Geburt und Wochenbett

https://www.vonguteneltern.de
Unser eigenes Blog mit ebenso fundiertem Hebammenwissen und eigenen Elterngedanken

https://vierpluseins.wtf
Dreifachvater Caspar Clemens Mierau schreibt schonungslos über seinen bisweilen harten Alltag als Vater – lustig und schmerzhaft

https://www.familienbetrieb.info
Satirische Geschichten aus seinem kleinen, sympathischen Familienbetrieb teilt hier Christian Hanne

https://www.johnnyspapablog.de
Tobias Weber über sein Leben als
alleinerziehender Vater, leider nicht
mehr aktuell, aber das Blog ist noch
online

https://www.richtigschwanger.de
Informatives Blog und YouTube-Chan-
nel eines Gynäkologen, der seit 2018
selbst Vater ist

Beratung und Unterstützung

Hebammensuche
https://www.hebammenverband.de/
familie/hebammensuche/
https://www.hebammensuche.de

Still- und Laktationsberatung:
https://www.bdl-stillen.de/stillbera-
tungsuche.html
www.milchwiese.de
für Stillhilfsmittel und Milchpumpen-
verleih mit Expresslieferservice

*Babys mit hohen Bedürfnissen/Schrei-
babys:*
http://www.rueckhalt.de/pages/schrei-
babyambulanzen.php
https://www.emotionelle-erste-hilfe.
org/beratersuche/
https://www.elternsein.info/elternbera-
tung/anonym-kostenlos

*Psychische Krisen vor und nach der
Geburt:*
https://www.schatten-und-licht.de/
index.php/de

DANKSAGUNG

Dieses Buch kam zu mir, ein bisschen aus Zufall – und ich hätte es wahrscheinlich nicht so spontan geschrieben, wenn meine Frau Anja nicht sofort gesagt hätte: »Mach das, klar!« – danke für dein Vertrauen in unsere gemeinsame Elternschaft und 1 001 Gespräche und Hinweise zu diesem Werk. Und dafür, dass du Teil meines Lebens bist. Einen dicken Dank auch an meine vier großartigen Kinder, die in den Wochen des Schreibens etwas mehr als gewöhnlich auf ihren Papa verzichtet haben.

Danke auch an meinen Freund Caspar, auf dessen Empfehlung der Kontakt zum Verlag zustande kam. Und natürlich Danke an »meine« GU-Redakteurin Nadine Widl für starke Nerven und »meine« Lektorin Margarethe Brunner für wertvolle Anregungen und Unterstützung während der Umsetzung des Projekts – ohne beide wäre das Buch in der vorliegenden Form nicht realisierbar gewesen. Letzteres gilt ebenso für jene Väter, die mit ihren sehr persönlichen Erfahrungsberichten dieses Buch zusätzlich bereichert haben – vielen Dank dafür!

Ein besonderer Dank geht an meinen Freund Andi, der mittlerweile viele Flugstunden entfernt mit seiner Familie im Ausland lebt. Er war in meinen ersten Jahren als Vater unfreiwillig ein großes Vorbild und hat mehr dafür getan, dass ich mich für einen ganz anständigen Vater halte, als er weiß. Und an unsere gemeinsamen Freunde Mone und Frank und ihre vier Kinder, die mir und uns als Familie immer wieder Halt gegeben haben. Solche Menschen wünsche ich jeder jungen Familie!

IMPRESSUM

© 2019 GRÄFE UND UNZER VERLAG GmbH, München

Projektleitung: Nadine Widl
Lektorat: Margarethe Brunner
Herstellung: Markus Plötz
Innen- und Umschlaggestaltung: independent Medien-Design GmbH, Horst Moser, München
Satz: Uhl + Massopust, Aalen
Repro: Repro Ludwig, Zell am See
Druck und Bindung:
Druckerei C.H. Beck, Nördlingen

Bildnachweis
Cover: Jacob Lund/Stocksy
Autorenfoto: Phillip Aumann,
http://phillipaumann.com/

ISBN 978-3-8338-7134-4

1. Auflage 2019

LIEBE LESERINNEN UND LESER,
wir wollen Ihnen mit diesem Buch Informationen und Anregungen geben, um Ihnen das Leben zu erleichtern oder Sie zu inspirieren, Neues auszuprobieren. Wir achten bei der Erstellung unserer Bücher auf Aktualität und stellen höchste Ansprüche an Inhalt und Gestaltung. Alle Anleitungen und Rezepte werden von unseren Autoren, jeweils Experten auf ihren Gebieten, gewissenhaft erstellt und von unseren Redakteuren/innen mit größter Sorgfalt ausgewählt und geprüft. Haben wir Ihre Erwartungen erfüllt? Sind Sie mit diesem Buch und seinen Inhalten zufrieden? Haben Sie weitere Fragen zu diesem Thema? Wir freuen uns auf Ihre Rückmeldung, auf Lob, Kritik und Anregungen, damit wir für Sie immer besser werden können. Und wir freuen uns, wenn Sie diesen Titel weiterempfehlen, in Ihrem Freundeskreis oder bei Ihrem online-Kauf. Sollten wir Ihre Erwartungen so gar nicht erfüllt haben, tauschen wir Ihnen Ihr Buch jederzeit gegen ein gleichwertiges zum gleichen oder ähnlichen Thema um.

KONTAKT
GRÄFE UND UNZER VERLAG
Leserservice
Postfach 86 03 13
81630 München
E-Mail: leserservice@graefe-und-unzer.de
Telefon: 00800 / 72 37 33 33*
Telefax: 00800 / 50 12 05 44*
Mo–Do: 9.00–17.00 Uhr
Fr: 9.00–16.00 Uhr (*gebührenfrei in D,A,CH)

Die GU-Homepage finden Sie unter www.gu.de

 www.facebook.com/gu.verlag

GRÄFE UND UNZER

Ein Unternehmen der
GANSKE VERLAGSGRUPPE